ニッポンぶらり旅

北の居酒屋の美人ママ

太田和彦

集英社文庫

ニッポンぶらり旅　もくじ

本文デザイン・横須賀拓
本文イラスト・風間勇人
本文写真・太田和彦

ニッポンぶらり旅▶

北の居酒屋の美人ママ

太田和彦 Kazuhiko Ota

秋田

2012年10月

秋田美人を決定づけた名作がポスターに

おらが秋田は美人の出どこ

「当機は秋田空港に向けて高度を下げてまいります。皆様いま一度シートベルトをお確かめください」

窓の下は天に向かってまっすぐ尖《とが》る緑濃い秋田杉が、山の起伏を覆いどこまでも続く。

空港には木村伊兵衛《きむらいへえ》の名作写真集『秋田』に登場する菅笠《すげがさ》に野良着の女性ポートレートを使った「あきたびじん」のポスターがたくさん貼られる。昭和二十九（一九五四）年の取材にモデルとなった柴田洋子《しばたようこ》さんは当時十九歳、美人県秋田の名声を決定づけた。その後上京して衆議院議員秘書となり、日系二世の実業家と結婚して渡米、平成二十二（二〇一〇）年にアメリカで亡くなられたという。

市内行きバスで「おらが秋田は美人の出どこ、お米にお酒、秋田杉」と、おなじみ秋田不滅のキャッチフレーズがアナウンスされた。東北秋田は何度も来ている。今回は秋田美人にお目にかかりたいが。

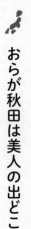

城下町秋田の西外濠《そとぼり》、旭川《あさひかわ》の外沿いは川反《かわばた》と呼ばれ、明治以降に芸者屋や料理屋が並び、油田をふくむ鉱山景気で東北一の繁華街と言われるようになった。今も面影は色濃く残り古い料亭料理屋もある。

ホテルに鞄《かばん》を預け川反通りに歩き出たが、晴れているのに激しいどしゃぶりになった。秋の今ごろの日本海は青空と暗雲と雨が一日のうちに幾度も繰り返す。

ゴロゴロゴロ……。

遠雷が鳴った。秋田の名産「鰰《ハタハタ》」は初冬、体長十五～二十センチほどになると産卵で接岸し、その頃よく雷が鳴るのでカミナリウオと呼ばれる。肌にぬめりが出て味を増し、オスは白子、メスはブリコ（魚卵）で腹が膨らむ。ハタハタこそは私の大好物、今夜はこれで決まりだな。

「こんちは」

「お、太田さん」

川反通り真ん中の酒販店「まるひこ」に雨宿りに入った。十数年前初めて来た秋田で、右も左もわからず「どこかいい居酒屋を教えてください」と尋ねて以来のおつきあいだ。

秋田は高知と日本酒消費量日本一をつねに争う酒飲み県で、その特徴はピッチがはやく、だらだらといつまでも飲む。冬がながく他にすることがないのだそうだ。

しかし近年の日本酒の変化「量より質」に気付いたまるひこさんは危機を感じ、秋田の酒質向上と外への発信に力を入れ、今や秋田は美酒王国と名高くなった。私は毎年の暮れ、知人に酒を送るが、酒の本など書いている者としては（オホン）滅多なものは送れず、いつもここにお願いし、今年の酒もすでに試飲して選んである。

「雷鳴ったし、ハタハタだね」

「いや、まだだめです」

「えー！」

解禁は十一月のはずとか。ちょっと聞いてみましょうと居酒屋「酒盃《しゆはい》」に電話してしばし。ぱちんと切ってにっこりした。

「男鹿《おが》半島の底引きが少し揚がったそうです」

貝焼小鍋にお酒

川反から離れた県庁に近い「酒盃」は尖った三角屋根が堂々たる山塞《さんさい》のような館だ。履物を脱いで上がる板の間も板壁も艶光《つやびか》りし、中央三本の太い秋田杉丸柱は二階を貫いて三角屋根を支える。頑丈な秋田簞笥《たんす》や錠前付きの蔵戸など、集めた民具、家具が存在感を放ち、飾る野花が清楚《せいそ》だ。

「やあ、いらっしゃい」

頭を剃《そ》りあげた主人は隠居した武芸者の風格だ。座れば出る名物箱膳の小皿六品の今日は〈身欠《みがき》にしん燻製《くんせい》・イカのとも和《あ》え・焼茄子《やきなす》に擂《す》りモロヘイヤ・蛸《たこ》の菊花和え・キノコあみこ茸《だけ》・比内地鶏《ひないじどり》もつ煮〉。酒は「美酒《びしゅ》の設計《せっけい》」。私が最も好きな日本酒で、ながくお歳暮に使っていたが近年は発売即終売で手に入らず、来年こそはとまるひこに発売前予約してある。

ツイー……。

清雅にして豊麗、清純にして色香。肌理《きめ》こまやかにして芳醇《ほうじゅん》。まさに秋田美人十九歳・柴田洋子さんそのものだ。しかしこれは限定一人一杯まで。届いた小コンロにのせた大きな帆立貝殻に〈ハタハタ二尾・葱《ねぎ》・きのこ・豆腐・セリ〉の白と茶と緑がふつふつ煮える。味付けはもちろん〈塩魚汁＝しょっつる〉だ。

北国秋田は小鍋立ての王国で〈塩鯨と茄子〉〈白魚と蓴菜《じゅんさい》〉〈イカごろとワタ〉〈ニシンとひろこ（浅葱《あさつき》）〉など、何でも一人一鍋で食べる。何もないときはイカ塩辛を入れればよい。簡単で腹持ちもよく、男はこれで一杯、女子供はご飯だ。出汁《だし》の出る帆立の貝殻で煮る〈貝焼《かやき》〉が本格で、ぐつぐつしてもこぼれそうでこぼれない。

きらりと銀肌光るハタハタはすらりと身離れして食べやすく、ぬめりのある旨《うま》みで何尾でも食べられる。豊漁を知る昔の人は十や二十尾は普通だった。残れば塩・麹《こうじ》・蒸し米を三・五・八に合わせた三五八《さごはち》漬《づけ》や酢〆《すじめ》ハタハタ寿司《ずし》にと役立ち者だ。ハタハタ、君も秋田美人。嫁にもらうならこういう娘。

ツイー……。

貝焼小鍋に「天の戸《あまのと》」純米酒・吟泉《ぎんせん》のお燗《かん》がうまい。主人は秋田で居酒屋を始め、まるひこに酒を一任。私はまるひこの紹介で初めてここに来た。主人が「太田さんの本を見て全国からお客さんが来ます」と言う通り、よく声をかけられる。今日の隣の方は息子さんと男二人旅で神戸《こうべ》から来たそうだ。息子さんに声をかけた。

「オヤジと飲む酒はどうだい」

「……案外、いいです」

オヤジが破顔一笑した。

かまくらに描かれた少女

身の丈ほどもある背高の蓮《はす》が外濠を埋める秋田藩佐竹《さたけ》家二十万石・久保田《くぼた》城は、天守閣と石垣のない城だった。明治に本丸焼失後は市に移管され、今は市民の千秋《せんしゅう》公園だ。「千秋」は長久の意の「千」と秋田の「秋」に拠《よ》る。

大きな建物のない敷地は樹々《きぎ》の梢《こずえ》高く、秋の静寂《しじま》に「殉難警察職員顕彰碑」「殉職消防組員招魂碑」が建つ。「陸軍軍醫《ぐんい》贈従《じゅ》五位牛丸君碑」は元帥陸軍大将正《しょう》二位勲一等功二級侯爵大山巖《おおやまいわお》篆額《てんがく》、陸軍軍醫総監正四位勲二等功三級男爵石黒忠悳《いしぐろただのり》撰文《せんぶん》と漢字のオンパレード。句碑「みちのくの明日なき晴れや落葉風」はやや淋《さび》しい。

幾重もの玉石垣に囲まれた台座に、衣冠束帯、手に笏《しゃく》と威儀を正した秋田藩最後の藩主・佐竹義堯《よしたか》公の銅像がひときわ高く立つ。

慶長《けいちょう》七（一六〇二）年常陸《ひたち》から入部した戦国の猛将・佐竹義宣《よしのぶ》は久保田城を築城。初代藩主として基礎を築いた。最後の十二代義堯は幕末戊辰《ぼしん》戦争を戦い抜いて明治四

（一八七一）年廃藩。近代に橋を渡し、約二百七十年にわたる秋田治世を終えた。秋田人は佐竹家崇敬の念が強いと聞く。

小さな八幡《はちまん》秋田神社に手を合わせ、おみくじを引いてみた。いわく〈末吉　小舟が俄《にわか》の嵐にあう様に思いがけない事で災起る恐れがあります。決して色に溺《おぼ》れ不義の行いをしないで正しく一心に辛抱するがよいです。小さい所に注意なさい〉。

色に溺れず、か。

さらに奥の森閑とした彌高《いやたか》神社は、秋田の国学者・平田篤胤《ひらたあつたね》と経世家・佐藤信淵《さとうのぶひろ》を祀《まつ》って明治四十二年に創建されたとある。郷土の偉人は県立秋田高校校歌に「篤胤信淵ふたつの巨霊」と歌われるそうだ。篤胤碑文〈青海《あおうな》はら潮の八百重《やおえ》の八十國《やそくに》につきて弘《ひろ》めよこの正道を〉は国学者らしい。

ここでもおみくじを引いた。いわく〈末吉　何をしても思わしくありませんから控えめにすることです。これまでの職業を守り真面目《まじめ》に働くことです。そのうちに悪い運は去り幸せな時がきます〉。

こちらも末吉。これは間違いない。色に溺れず真面目に働き正道を歩もう。とぼとぼと千秋公園を後にした。

『秋田の行事』

公園下の秋田県立美術館は秋田の資産家の三代目・平野政吉《ひらのまさきち》（明治二十八年生）蒐《しゅう》集《しゅう》の美術品を展示するという。入って驚いた。天地三・六五メートル、左右二十・五メートルの、名のみ聞いていた藤田嗣治《ふじたつぐはる》の超大作『秋田の行事』があったからだ。

藤田嗣治（明治十九年生）と親交のあった平野政吉は、秋田に建てる美術館の壁画を依頼。藤田は主題を「秋田の全貌」と定め、何度も来秋して取材スケッチを重ね、平野の米蔵で制作に着手。昭和十二年に完成した。

見上げる大画面に、神社奉納踊り、打ち太鼓、縁日露店、竿灯祭《かんとうまつり》、油井の櫓《やぐら》、秋田杉材、酒薦樽《こもだる》、米俵野菜の馬橇《ばそり》、子供の箱橇、凧《たこ》揚げ、犬などが、夏は浴衣《ゆかた》、冬はゴム長・角巻《かくま》きにマントで生き生きとひしめく。左右二十メートルを立ち止まりながら何度も往復して全く見飽きない。昔パリのルーブル美術館でダヴィッドの大作『ナポレオンの戴冠式』に圧倒され、絵は大作に尽きると思ったが、それ以来の感動だ。

左端のサイン〈為　秋田　平野政吉　嗣治　ＦＯＵＪＩＴＡ　１９３７　昭和十二年自二月廿一日《にじゅういちにち》　至三月七日　百七十四時間完成〉に描ききった達成感がある。独力わずか十五日、実質百七十四時間で完成は驚異的だ。躍動する筆致は湧き上がる画想に筆の速さがついてゆかないかのようだ。

左寄り、雪室かまくらに座り餅を供する少女二人は、当時十三歳の戸沢歌子と戸沢栄子だ。同級生の二人は幼時から郷土の「仙北《せんぼく》歌踊団」で踊りなどを修めていた。併設企画展「藤田嗣治のまなざし／かわいいものへ・小さな人へ」の菅笠、手甲脚半《てっこうきゃはん》の実写真はまことに野菊の如《ごと》き美しさ、秋田美人をしみじみと感じさせる。

秋田取材時の藤田のスケッチや十数点の油彩画、マチスの有名な女性像『ルーマニア風のブラウス』(これがここにあるとは!)も含む展示は充実し、こういうものが秋田にあると知らなかった私は、時を忘れて見入った。

そこを出た通り正面の打ち放しコンクリートのモダンな建物は新県立美術館で、設計は安藤忠雄《あんどうただお》氏だ。この六月に竣工《しゅんこう》したが接着剤などの完全な乾きを待って養生中、来年九月に開館する。今は暫定オープン中で内部見学できる。

控えめな入口ホールは、支柱も吊《つ》りもない巨大ならせん階段が圧倒する。現県立美術館の三角屋根をイメージ継承して平面計画はすべて正三角形を基本にしているそうだ。ここに今見た平野コレクションが移る。大作『秋田の行事』が入る大ホールに立って設計意図がわかった。三角形の一辺に大壁画を配し、引きをたっぷりとった対角点から左

安藤忠雄建築に「あきたびじん」が映える

右を一堂に見渡せる。せり出した中二階からは間近に絵の詳細を見ることができる。この空間で大作はさらに映えることだろう。

二階カフェの床は、水を張った一階回廊屋上に同平面でつながる。縁はなく水はゆるやかに四方に流れて落ち、硬質なモダニズム建築に自然の柔らかさを取り込む安藤建築の得意技だ。

「冬は凍りませんか」

「どうでしょう、雪でも積もればまた一景かもしれません」

学芸員の方がにこやかに答えた。

すばらしき秋田の文化

建築好きの旅先の楽しみは各地に残る古い洋館だ。

市内大町《おおまち》の、明治四十五年完成、国重要文化財の旧秋田銀行本店（現赤れんが郷土館）の外壁一階部は磁器タイルの白、二階は煉瓦《れんが》の赤で紅白の対比美しく、正面左右両端は円塔が優美に張り出す。マンサード（腰折れ）屋根は復元東京駅と同じ宮城県産スレート玄昌石《げんしょうせき》、屋根窓は緑化した銅板葺《ぶ》き。全体の印象は「典雅」だ。

内部に入り華麗な営業ホールに息をのんだ。一階腰は深緑色蛇紋岩《じゃもんがん》、高い吹き抜け白壁を二階回廊が一周し、広大な白天井は、唐草《からくさ》浮き彫り、オリーブの葉を束ねたオリーブバンド、アカンサス葉の盾、歯型の連続、四方格子のダイヤパーパターン、卵舌文様《らんぜつもんよう》などバロック装飾がすばらしい（資料の丸写しです）。

貴賓室など三つすべて異なる石の暖炉の存在感、階段室や部屋入口の月桂樹、忍冬《すいかずら》の文様など、装飾は技巧と精緻《せいち》をきわめている。

新館は、生誕百四十年記念「露月《ろげつ》とその時代展」だ。不勉強でこの名は初めて聞く。俳人石井《いしい》露月は明治六年、秋田市に生まれ、文学で身を立てるべく上京。正岡子規《まさおかしき》の指導を得て『ホトトギス』選者となり、高浜虚子《たかはまきよし》、河東碧梧桐《かわひがしへきごとう》、佐藤紅緑《さとうこうろく》らと〝子規門四天王〟、子規に〝鬼才露月〟と言われるようになった。しかし脚気《かっけ》の病悪化で秋田に戻り医院を開業。子規命名の俳誌『俳星《はいせい》』を発刊、句作にうちこんだ。

大雪の城下夜明けし煙哉《かな》
早稲《わせ》の香や出羽《でわ》街道は鶏の声
そぼふるや秋の蝶々《ちょうちょう》恋もなし
雲の峰出水の中の大榎《おおえのき》
白雲一片鯊釣《はぜつり》を見ぬ里もなし
縄墨の痕鮮やかに風薫る
秋立つかと雲の音聞け山の上
石はしる水よ落葉よ五百年
つゆ涼し夜と別る丶花の様
花野ゆく耳にきのふの峡の聲《こえ》

梅の曙既に人ある麦畠《むぎばたけ》
百里来て交を結ぶ心太《ところてん》
水鳥の浮くもくゞるも浄土哉

自筆掛軸の並ぶ露月句に圧倒された。雄大な句想、観察の息遣い、古格ある用字。俳句をゆっくり読んでゆく醍醐味《だいごみ》を味わった。

新館三階は「勝平得之記念館《かつひらとくし》」だ。この人の名も知らない。

版画家勝平得之は明治三十七年、秋田市の紙漉《かみす》き職人の家に生まれ、幼時より絵が達者で独学で版画を学んだ。絵・彫り・摺《す》りの三工程を一人で行う創作版画の影響を受け、生涯秋田を離れることなく、郷土の風物を題材に今では貴重な風俗資料ともなる独自の世界を生み出した。

春雨に煙る濠端を傘の婦人と子供がゆく「雨の内濠」。色鮮やかな短冊飾りの下で夕涼みする「七夕《たなばた》」。シルエットの鉄橋に月の昇る「夜の秋田大橋」。しんしんと雪の降り積む夜に馬橇が行く「雪の街」。春夏秋、とりわけ冬の風景は情感がこもる。

企画展示「農村へのまなざし」の圧巻は、横長大画面に四季の田んぼを描いた「米作四題」だ。牛が犂《すき》を引く「耕土（春）」、苗を投げ渡す「田植（夏）」、一面黄金色の「刈あげ（秋）」、雪に埋まる「堆肥《たいひ》運び（冬）」。働く人々への愛情、力強い輪郭線、少しの余白も惜しいが如く隅々まで刀を彫り込み、鮮烈な色彩で摺り上げた画面はじつにすばらしい！　版画好きの私は神戸を訪れたとき川西英《かわにしひで》の作品について書いたが、そちらがモダン都会派とすれば、こちらは土着農村派。軽快と重厚、淡色と濃色、しゃれた省略と丁寧な描写、感覚的と実証的。当たり前だが、土地の作家はその地にふさわしい作風を生み出すことに気づき、私は旅先の楽しみをもう一つ知った。

夜の盆踊り

夜、川反通りの古い居酒屋「てのじ」に入った。めざすしょっつる鍋の説明がある。〈塩魚汁《しょっつる》鍋＝ハタハタやニシン等の魚を塩漬け醗酵《はっこう》してしみ出た上澄みのおつゆ（魚《ぎょ》醤《しょう》・しょっつる）に旬の白身魚、豆腐、野菜のあっさりしたお鍋です〉

ぐつぐつ泡を吹いて届いた土鍋は、葱・芹《せり》・豆腐・シラタキの緑と白が清潔で、下には鯛《たい》・牛蒡《ごぼう》・白菜が煮えている。

フーフーフー……。

熱いのを吹いて食べるしょっつる鍋のおいしさよ。そして秋田名酒「新政《あらまさ》」辛口の熱

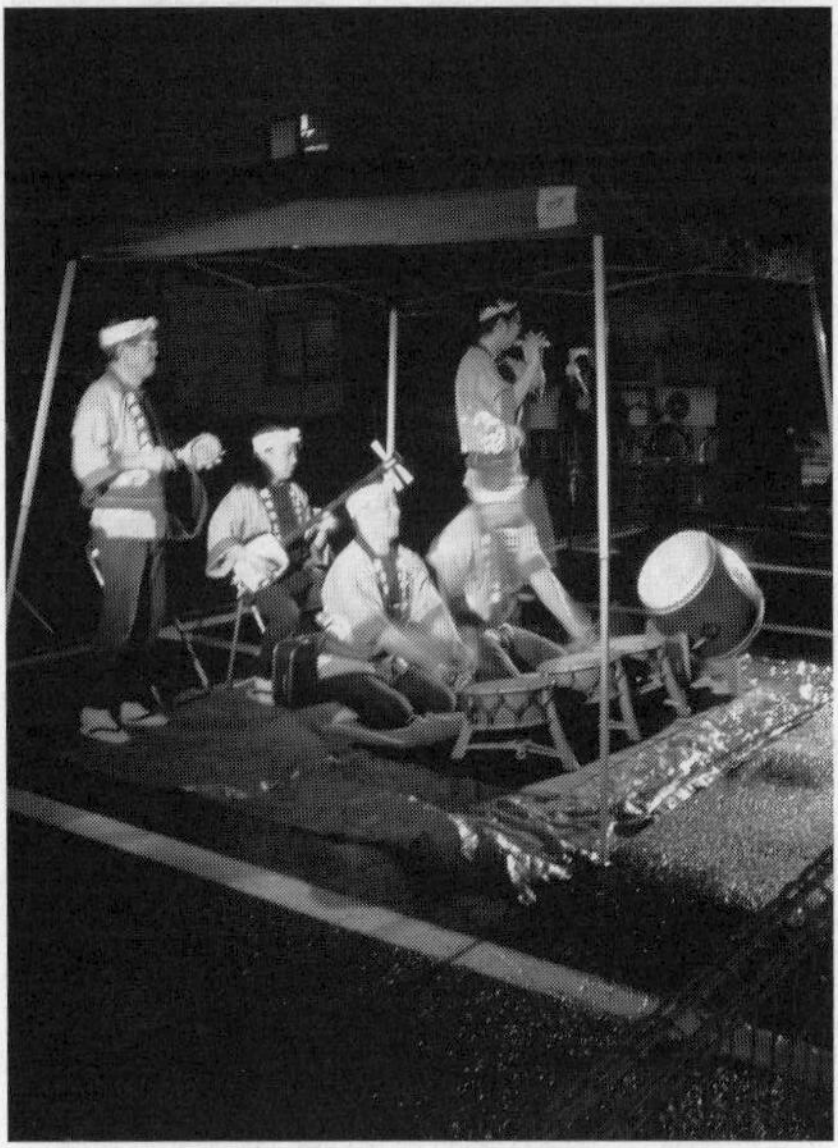

哀調をおびた「土崎港ばやし」

燗をクイー。

たまらんなあ、北国晩秋のひとり酒。これがしたかったんだ。

お運びの娘さんは秋田美人だ。

「どうして、てのじなの?」

「お婆《ばあ》ちゃんが『てい子』で、皆『て』と呼んでたから」

どさ?（どこ行く）。ゆさ（湯に行く）。北国は口を開くと寒いので言葉を縮める。おどっちゃ（父）、おがっちゃ（母）、あんちゃ（兄）、あねちゃ（姉）、ぼっこ（子供）、めんけごど（可愛《かわい》い）。「て」おばちゃは八十三歳、しゃきしゃきにお元気とは何より。

台所に立つおどっちゃはぼっこのももえさんがめんけぐてたまらないようだ。

小雨の川反通りの駐車場から囃子《はやし》太鼓が聞こえる。秋田は今「にぎわい夜祭り」の催し中だ。

テンテケテン……「土崎港《つちざきみなと》ばやし」にのった「あいや節」が哀調をおびて続く。東北を代表する盆踊り「西馬音内《にしもない》の盆踊り」は、女はかむる編笠をぴたりと閉じ、男は歌舞伎黒子のような黒紗《くろしゃ》の「彦三《ひこさ》頭巾」。顔の見えない男女同士が、ゆっくり手を上げ、前に、また後に交差して行き交う幻想に魅了された。

秋田の秋は食の王国

〈東北の横綱　皆様とともに五十年〉の謳《うた》い文句も頼もしい「秋田市民市場」は、山の紅葉さながらに色の饗宴《きょうえん》だ。増田《ますだ》産の紅玉《こうぎょく》・つがる・やたかなど〈リンゴ〉は真っ赤、大小の〈柿〉は朱色、特大一個六〇〇円もする〈かほり梨〉は黄緑、湯沢《ゆざわ》の〈枝豆秘伝〉は緑、本庄《ほんじょう》・庄内《しょうない》の〈いちじく〉はまだ青緑、秋のルビー〈あけび〉は鮮やかな青紫、横手《よこて》の〈スチューベンぶどう〉は濃紫、驚くほど大きな〈ゆで栗《ぐり》〉は茶。

「山菜とキノコの店・藤原商店」は、さわもたし、ぬらめき、ぶなしめじ、天然なめこなど売台一面がキノコだ。白菜ほども大きい天然舞茸は一〇〇グラム七〇〇円。その二つ割りを「これ量って」と指さした客が三五五〇円と言われ「ウーン」となっている。秋田では松茸よりも舞茸が上位だ。

魚はキス、カレイ、黒ソイ、キンキ、カマス……。ワカサギはまだ小さく、ハタハタ九尾七〇〇円は安い。ごつい八角《はっかく》は北海道産か。もちろん鮭《さけ》、鱈《たら》はごろごろ並び、真っ赤なスジコ、ダダミ（鱈白子）は投げ出したように山を成す。

さあ買い出しだ。タラコは一番高い一〇〇グラム五五〇円のを八腹で四八五〇円。天然なめこ・仙北里芋・もちこめ入り茄子漬・からしな漬・地物大根葉・かほり梨一個。以上をクール便で発送。ちなみに、なめこは味噌汁《みそしる》、大根葉は塩もみ、タラコは生を熱い白ご飯で、いずれも絶品でした。

仕事を終えて場内「伊藤」の支那《しな》そばだ。日本各地でラーメンを食べた私の好みは青森、岩手、秋田に決まった。共通は澄んだ魚貝出汁あっさり醬油《しょうゆ》スープに細縮れ麵。並八〇〇円を完食しました。

近くの駅前アゴラ広場の「全県商工会おもてなしまつり」に秋田ご当地グルメの出店が並ぶ。鶴《つる》の湯《ゆ》温泉〈山の芋鍋〉の大鍋が盛大に湯気を上げてうまそうだ。ラーメンの汁飲み干すんじゃなかったナ。でもやっぱり食べよう。岩のような硬い山の芋を擂りおろした団子の薄い味噌汁は、たっぷりの芹がおいしい。

向こうは赤襟ハッピの娘さんが「あきたこまちのだまこもち食べてんがー」と声を上げる。店の前を行きつ戻りつ、結局「一つください」と言うとじーっと見ていたお母さんがにっこり笑った。半搗《はんづ》きご飯を丸め、芹・舞茸・比内地鶏醬油出汁で煮た〈だまこ鍋〉はきりたんぽより食べやすい。

人気の秋田犬をなでる

ショーが終わった秋田のヒーロー「超神ネイガー」の撮影会に男の子が長蛇を成し、お母さんが懸命に携帯写真を撮っている。子供用なまはげの試着会は藁蓑《わらみの》に出刃包丁と木桶《きおけ》、怖い面の子供が泣き出さんばかりに緊張しているのがおかしい。秋田犬保存会の人が綱をもつ大きな秋田犬二頭にも子供がむらがる。一頭はロシアのプーチン大統領に贈った犬の親だそうだ。やがて割竹をつないだ「流しじゅんさい」が始まった。のどかな秋の一日は、やってくる厳しい冬への最後の行楽のようだった。

山のキノコ

南通りで十年続けた居酒屋「ん。」は近くの細路地奥の新店一軒家に移ったばかりだ。板張りの床に白壁、太い梁《はり》は山のロッジのようでおちつく。

〈枝豆〉お通しの黒い角木皿の盛り方が見事だ。奥で用意しているのが見え、一箸ずつ慎重に花を活《い》けるように立体を作ってゆく。

「いらっしゃいませ」

手を前に挨拶いただく奥様は市内の酒販店「まるひこ」の娘さんで高校生のお子さんがいるとは到底思えない瑞々《みずみず》しい若さ。〝お嫁さんにしたい〟典型的な秋田美人に私はアガってしまい、酒だ酒だ。

刺身、焼物、野菜、豆腐料理など品書きは皆工夫が感じられ目移りする。ビールに合わせた〈自家製行者ニンニク入りソーセージ〉炭火焼きはジューシーな旨みに野草香がある。日本酒「白瀑山本《しらたきやまもと》・赤ラベル」の濃潤な味に、さっぱりした脂と絶妙な塩加減の〈自家製生ハム〉がぴたりだ。〈渡り蟹《がに》の酔っ払い〉は活き蟹を焼酎《しょうちゅう》の調味たれに漬けたもので、ゲル状のカニ身が旨すぎ、ブツ切りをスプーンですくっていたが、たまらず手づかみでチューチュー。舌が殻で切れそうだが止《や》められない。終わった甲羅に熱いご飯を一盛りして混ぜた、その味よ！

「秋田は渡り蟹がよく獲《と》れますがあまり食べないんで、これは使えると思って」

ご主人は京都の名料理旅館「美山荘《みやまそう》」で修業して奥様の郷里秋田に店をもった。美山荘は摘草《つみくさ》料理で名高い。秋田の豊かな山菜を使いたいとこちらに来て、秋田の味は京都よりも濃いが、無理に郷土料理にせず自分の思うところをやってゆくと言う目が清々《すがすが》しい。

「いい店ですね、特にあのストーブ」と指さすと顔がほころんだ。玄関脇に置いた薪《まき》ストーブは北欧デザインのベルギー製「オーロラの光」。この冬に向けて試運転を始め、薪はキノコ原木栽培の山にいくらでもあるとか。薪ストーブに憧れる私はうらやましい。

その玄関に野球帽の男がぬっと現れ、透明袋いっぱいのキノコを「これ」とだけ言って奥様に渡して帰った。山菜キノコ採りの名人で、いつも黙って持ってきて掃除も完璧に済ませてあるそうだ。袋を手に奥様が言った。

「そうだ、太田さん、これで湯豆腐しませんか」

ああ、その土鍋湯豆腐の、採れたてキノコの山の気よ！

「すごいタイミングよかったですね」主人がにっこりと笑った。

秋田のバーをはしごする

バーの町、秋田。川反通りの「レディ」は昭和三十九年開店の老舗《しにせ》。マスター中島康介さんは喜寿をこえてお元気だ。

「表の旗の〈秋田美人カクテル〉って何？」

秋田は今〈秋田美人ご膳〉など秋田美人キャンペーン一色で、ＮＢＡ日本バーテンダー協会秋田支部は秋田美人オフィシャルカクテル〈こまち〉を用意した。ではそれを。

作るのはチーフの長澤欣一さん。日本酒をベースにライチリキュール・竜胆《りんどう》リキュール・ライムジュースをシェイク。グラスの縁半分に塩を回したハーフムーン・スノースタイルのグラスに注ぎ、パールオニオンを飾った。

ツイー……。

かすかに黄色をおびたさっぱりと軽い香味は白ワインにも似て、塩とパールオニオンは雪と秋田美人白肌のイメージ、隠し味の竜胆も可憐《かれん》。日本酒カクテルでは珍しい成功例と言える……勿体《もったい》ぶって批評する私を中島さんは「へへへ」といなし、持ってきたのは、秋田地酒「太平山《たいへいざん》」の蔵で、昔試しに作ったウイスキーの一升瓶が二本みつかり、特製白磁ボトルに詰めて関係者に配ったというもの。ラベル「THE WHISKY 60 YEARS OLD」に社長直筆サインが入る。

ツイー……。

「……アイリッシュウイスキーに似てるね」

見ていた長澤さんがうなずく。

さてもう一杯。奨《すす》められたのは〈宇治金時マティーニ〉。

「うじきんときまてぃーにぃ？」

目を白黒させる私にかまわず、ウオッカベースに小豆リキュール・グリーンティーリキュール・練乳をシェイク。小豆あんこにふわふわ氷をのせたグラスにかけまわし、ストローを刺した。氷とあんこをかきまぜ、こわごわ口へ。

チュー……。

いけるわ！　あんこが大好きな私はひと口でノックアウト。これぞ大人のかき氷でした。

秋田バーの系譜

秋田のバーを語るのに黒坂明さんは欠かせない。「レディ」に見習いで入り中島さんのもとで修業。独立して開いた「THE BAR 1996」は、十五年ほど前私が秋田で初めて入ったバーで、モデルも顔負けの長身男前と颯爽《さっそう》たる仕事ぶりに強い印象をもった。NBA秋田支部長に就任した黒坂さんは、NBA全国大会の秋田開催に奔走して実現にこぎつけたが、開催二カ月前、四十九歳の若さでガンで急逝。葬儀では秋田のバーテンダーすべてが大会の成功を黒坂さんに約束。成功裏の終了は墓前に報告された。

「1980」通称「ハチマル」は生前、黒坂さんが作った三つ目の店で、自分の好みを入れた山小舎《やまごや》のような造りはおちつき、今はチーフの横井正剛さんと女性の三浦真由美さんが立つ。横井さんに川反通りで「西馬音内の盆踊り」を見たと話すと、自分も昔見て指先の動きの美しさに気づき、仕事に意識するようになったと言う。

「さて、コペンハーゲンかな……」

三浦さんがにっこり笑う。以前、北欧の酒アクアビットを使うこのカクテルを注文すると、少しもためらわずに見事な一杯を作り、勉強に感心したことがあった。

ツイー……。

「この味この味」私のにっこりに、二人もにっこりした。

川反通りの「ル・ヴェール」は開店して二年。オーナー佐藤謙一さんは帝国ホテルのバーに二十三年勤めて、平成九年銀座に「ル・ヴェール」を開店。互いに近い「ル・ヴェール」「テンダー」「モーリバー」は銀座バー通に「魔の三角地帯」と言われた。私が行き始めたのはその頃だ。平成二十一年、佐藤さんは故郷秋田に居を移し、同店名で開店した。

「こんばんは」

「いらっしゃい」

応対は銀座と何も変わらない。いつものジントニックにしよう。

ジンはボンベイサファイア。ロングスプーンで氷を静かに持ち上げ、また下げる仕草の優雅さは比類がなく、ほどよい苦みとすっきりした切れ味のバランスもまた。

銀座と同じ瀟洒《しょうしゃ》な木の店内、小さな照明の重なり、豊かな酒棚を背に立つクリーム色ジャケットの堂々たる恰幅《かっぷく》は、まさにバー界の鉄血宰相ビスマルク。

「ハハハ、根は人情家ですよ」

豪快に男らしい笑顔がまた魅力だ。酒棚隅の写真は黒坂明さんだ。私は銀座の店でこ

秋田の夜のシメは千秋麺で決まり

の写真を見て、佐藤さんは同郷後輩の黒坂さんをかわいがっていたと知った。

この十一月のNBA東北大会はゲストバーテンダーがすごい。上田和男（銀座テンダー）、毛利隆雄（銀座モーリバー）、新橋清（神楽坂《かぐらざか》サンルーカル）、三石《みついし》剛志（銀座バー三石）、宮崎優子（大森《おおもり》テンダリー）、長友修一（福岡オスカー）の諸氏は全員私は顔なじみだ。これだけの人が秋田に集まるのは佐藤さんの力と言うと「いやいや、ウアッハッハッハ」とまた豪快に笑う。太田さんも来ませんか、一度に義理がはたせますよと誘うが、どうしよう。

夜遅くまでやっている「そば処《どころ》　紀文《きぶん》」は秋田の飲《の》ん兵衛《べえ》が最後に集まる店だ。お目当ては名物さっぱり味のラーメン「千秋麵」。

箸をぱちりと割って、秋田の夜におさらばしましたとさ。

福岡

2012年11月

五島の泳ぎ鯖刺身

食都の「飲み」パワー

福岡の地下鉄は駅ごとの絵マークがおもしろい。「藤崎《ふじさき》」は藤、「大濠《おおほり》公園」は桜、「博多《はかた》」は博多帯、「祇園《ぎおん》」は山笠《やまかさ》の子供、「薬院《やくいん》」は薬の乳鉢、「次郎丸《じろうまる》」は蛍。飛行機マークの「福岡空港」から乗り、梅マークの「天神《てんじん》」で降りた。空港から地下鉄駅五つで市の中心に立つアクセスはとても便利だ。

ホテルに荷物を預け、ぶらりと歩き出た。晩秋の空が青く高い。天神地区は広い舗道がよく整備され、大丸《だいまる》、三越《みつこし》、岩田屋《いわたや》などの巨大デパートが君臨、天神コア、天神ビブレなどのショッピングビルも林立する。地方都市のデパートは閉店続きと聞くがどこ吹く風。岩田屋のブランド品売り上げは単一店舗世界一のデータもあるという。ショーウインドーは高級品が並び、好景気都市福岡の勢いは見た目にもあきらかだ。

道行く人の身なりがよい。男は見るからに上等なスーツにオーソドックスなネクタイ。妙な個人的趣味を入れないところが本物の着こなしだ。女性は細身のパンツにブーツ、大きなスカーフを肩いっぱいにまとって颯爽《さっそう》と歩く。高年者もふくめ赤やオレンジ、黄色など鮮やかな暖色の色彩感覚が洗練されて大胆だ。昔ローマで、中年も老人も男がとてもおしゃれでさすがと思ったが、福岡は日本のイタリアか。

ブランドファッションの店が並ぶ通りに出て、わが身の黒一色安物よれよれ姿が恥ずかしい。スポーツウエア・アディダスのショーウインドーに飾るえんじ色ウインドブレーカーが気に入り、思いきって買った。

「よくお似合いです」

背の高い美人女性店員のお言葉がうれしく、その気になった。

大柄超美人

夕方、えんじのウインドブレーカーを着て颯爽と（?）夜の町に出た。行く先は福岡の夜の飲食店が集中するという春吉《はるよし》。魚道楽「えとう」、鮪鍋《まぐろなべ》「串《くし》かず」、創作ちゃんこ「天王《てんのう》」、元祖博多もつ鍋「笑楽《しょうらく》」、沖縄の風「エイサー」、生ラムジンギスカン「ひつじ家《や》。」、「人間飲む時ふとっぱら」。〝人間飲む時〟がすごい。鶏《とり》の水炊き、辛子明太子《からしめんたいこ》、もつ鍋、一口餃子《ぎょうざ》、豚骨《とんこつ》ラーメン、活《い》きイカなど福岡発全国区となった食べ物の特幟《のぼり》はずばり「パワフル」。〈朝五時まで営業〉〈長崎の寒ブリばい〉〈一人もつ鍋歓迎〉の幟、道を埋める屋台。福岡はまさに「食都」だ。

夜の飲食街には薬局がつきもの。一軒で栄養ドリンクを指さすと「お客さんそんなのだめ、酒飲むんならこれでなきゃ」と〈新ヘパリーゼドリンク〉を奨《すす》める。下の箱は空き瓶の山。あれは清涼飲料、これは薬局でしか売れない医薬品、効果が違うと強調する。

ごくごくごく……。

ヨシ、四五〇〇円で万全となった。

居酒屋「独酌《どくしゃく》しずく」は裏通りの真新しいビル一階。五島《ごとう》の泳ぎ鯖《さば》が売りで〈五島より／泳ぎ鯖刺・炙《あぶ》り鯖刺・ごまさば・炙り生へしこ〉。他に鯖コロッケ、鯖サンド、名物鯖チャーハンもある。

「鯖、刺身」

合点ですとばかりに半身をとり出し、透明な薄皮をぴりぴりと剥いだ青背の唐草《からくさ》のような斑紋《はんもん》は、ふつうの鯖よりもくっきりしている。白銀の腹身に浅い包丁目を縦に二筋。裏返して血合いを取り、返した青背に目盛るように包丁を数回当てて幅を読んだ後、浅い化粧包丁を二筋入れて三筋めで刺身に落とす。氷水に浸《つ》けておいた皿に、はじかみ・山葵《わさび》・モンゴル塩を添えて盛り込み、完成した。

福岡地酒「旭菊《あさひぎく》・綾花《あやか》」のお燗《かん》をひと口ふくんで箸を。背身はこりこり、腹身はさっぱりと脂がのり、塩もいいがやはり醤油《しょうゆ》で鯖の旨《うま》みがひきたつ。いわゆる鯖くささはほとんど感じない。

刺身の背側にカセットガスの青い炎をガーッと当てているのは〈炙り鯖刺〉だ。尺塩を振った背はたちまち焦げ、脂を吹いて丸くなり、高知のカツオ塩たたきと同じであれもうまそうだ。

〈鯖胆《きも》ぽん酢〉は夕方まで泳いでいた鯖を首折れにし、小指ほどの生胆八尾ぶんを固めて蒸したもの。新鮮が命で一日二、三人前しかとれなく、常連ですぐなくなるという。これは食べなきゃ。もみじおろしのぽん酢に浸けてひと口。鮟鱇《あんこう》のアンキモほどねっとりせず、清潔な色気にやや苦みがあって酒のみにはたまらない。

「うまい！　大原麗子《おおはられいこ》、いや夏木《なつき》マリ、大年増でない中年増」

私の言う美人女優を知ってか知らずか、若い小柄な店長はにっこり笑った。五島、済州《さいしゅうとう》島などの鯖はこれから一月過ぎが最も脂ののった最盛期という。

表の古い民家の二階で五島鯖の「きはる」を始めて七年、新店「しずく」三年め。きびきび働く若いのは「男は根性でやる」と腹を据えた顔つきがいい。

店は満員になった。奥は銀行頭取のような紳士四人と美女四人の中年グループ。福岡の人は初めから無礼講ですぐに生ビールガチャン「かんぱーい」の大合唱。むしろ女性が攻勢で紳士組はワハハワハハと相好《そうごう》を崩す。私の座るカウンター奥はエキゾチックな大柄超美人が二人。あらわな首筋に見とれていると（すみません）やおらハンドバッグからドリンク「ウコンの力」を取り出してきりきりと蓋をひねり、一気にぐーっと飲んでいる。飲む気だ、やるなあ。

福岡の「飲み」パワーがどんどん攻めてくる。今夜のおいらはどうなるか。

博多の飾り山笠に冬の光

昨日福岡に来て春吉の居酒屋「独酌しずく」に入り、男女変わらぬ「飲み」パワーに圧倒された。

五島鯖刺身と蒸し胆のあと目をつけた〈酒呑《さけの》み七つ道具〉なる一盆は、焙《あぶ》り鯖へしこ・佐賀のがね漬・砂肝の琉球《りゅうきゅう》漬など、酒飲み泣かせの珍味七品で九八〇円とお徳用だ。木桶《きおけ》で燗された〈博多一本〆《じめ》〉は中庸でぐいぐい飲める。店は完全満員になり、女性軍は両手を使って華やかにしゃべり「お酒ね〜」と手を挙げ率先して注文、酔うとちょっと乱れるのが魅力だ。博多おごじょはいいなあ。

唐津《からつ》の紫蘇《しそ》農家が開発した薄緑の大葉そうめんの〈梅しそにゅうめん〉は、針金のような超極細ながら腰があり、たっぷり効いた昆布出汁《こんぶだし》の透明おつゆに特大紀州《きしゅう》梅干し一個の香りすばらしく、家で真似《まね》しようと思いながら、飲んでも飲んでも飽きなかった。

うーい、酔った。春吉の通りを行くグループもカップルも酒が入って賑《にぎ》やかだ。並ぶ飲食店はどこも明るく外からも活気が感じられる。見上げた看板は元祖もつ鍋「楽天《らくてん》地《ち》」。東京でもブームをおこしたもつ鍋だが、私は苦手だ。

しかし気がつくと二階のカウンターに座っていた。直径三十センチの厚いアルミ鍋は、もつとニンニクたっぷりのぎらぎらスープが張られて、キャベツ、さらにニラを限界まで山盛りにする。一人前九〇〇円が四、五人前に見え、食べ物を無駄にしてはいかんと衝動入店を反省しながら、しんなりぐつぐつしてきたスープをひと口。

からみつくようなもつのコクにニンニクとニラの匂い、鷹《たか》の爪《つめ》の辛みの渾然《こんぜん》一体にスプーンが止まらない。結果は、私には嚙《か》み切れないもつは残して完食！　信じられないが、野菜のみの安心感はむしろ食べてヨカッタか。気楽な畳座敷で小机を囲む満員の客は豆腐やちゃんぽん麵を追加。安くてうまくてボリュームもスタミナも満点。さすが福岡だ。

さあ帰らなきゃ。いい歳《とし》をして食い意地を張った。もう寝よう。

ホテル近道と思える裏通りをとぼとぼ行くと豚骨ラーメン店から出てきた、寒空にTシャツのマッチョな外国人がいきなり私に「ジスイズ、ナンバワン！」と親指を立て、相棒の巨漢も「エックセレント・チョイス！」と興奮気味に両手を広げる。「イッツ、ベスツ?」「イエース、ユーマスツトライ！」ヘタな英語の私は豚骨ラーメンが大嫌いのはず、しかしふらふらとその店へ……。

祈願絵馬

以上までが昨夜の話。後日某店で顚末《てんまつ》を話すと、その二人組は開催中の〈2012ゴールデンオールディーズ・ワールドラグビーフェスティバル福岡〉の来日選手だろうと聞いた。どうりで巨体のわけだ。

翌朝、福岡「食」パワーに淫した身を清めに散歩に出た。

福岡は、西の城下町・福岡と東の商人町・博多が那珂川中洲《なかがわなかす》をはさんで向かいあう。那珂川の「福博《ふくはく》であい橋《ばし》」はその名の通りだ。中洲たもと、小ぶりの「三人舞妓《まいこ》」像は大正十四（一九二五）年パリ万国現代装飾美術工芸博で銀賞を受賞した博多人形のブロンズ化。顔を見合わせて笑う、ちょっとおきゃんな「博多おごじょ」三人娘が愛くるしい。

橋を渡り東の博多に入った。博多といえば泣く子も黙る祇園山笠だ。毎年七月十五日早朝午前四時五十九分、博多総鎮守・櫛田《くしだ》神社に入り、その直後、各「流《ながれ》」（連）の追い山が次々に町中に駆け出す。

老いも若きも博多の男は山笠命。私が資生堂《しせいどう》でデザイナーをしていた時、新人の博多出身者は毎年七月必ず休暇願いを出し、ある時「君は仕事と山笠とどっちが大切か」と詰問すると「もちろん山笠です」と答え、私はおおいに満足した。

その彼の招きで福岡に見に行ったことがあった。追い山のスタートする境内は案外に狭く、狭い所を全速で一周して駆け抜けるから迫力が増す。神社外の玉垣下に腰をおろして見ていたが、一晩中飲んで眠くてたまらない早朝の一瞬でよく憶《おぼ》えていない。

数年後、祭の一週間前に滞在したことがあった。本番を前にはやる男たちはすでに裸の尻に締め込み一本、各流長法被《ながはっぴ》の完全支度で、興奮がおさえきれず集団で道路真ん中を駆け抜け、天下御免の勢いに自動車はすべて臨時停止して走り抜けるのを待つ。

いいなあと思ったのは子供から老人まで、ピシッと通った長幼の序があることだ。人望度胸を認められた赤手拭《あかてのご》いの頭に、子供が背筋を伸ばし「ハイッ！」と返事をする気持ちよさ。

境内に初冬の光を浴びて、高さおよそ十メートルもある飾り山が展示される。題（大《だい》刀一閃巴武勇《とういっせんともえのぶゆう》）は鎧兜《よろいかぶと》の木曾義仲《きそよしなか》、巴御前《ともえごぜん》ら五人の武者が滝に仁王立ち。後ろの「見送り」〈古事記献上千三百年日本曙〉は高天原《たかまがはら》の天照大神《あまてらすおおみかみ》や三種の神器など古代神話。どちらも造りも色も限りなく派手だ。

見上げる飾り山の威容

神社は参拝が絶えず、外国人も多い。手水舎《ちょうずや》龍吐口《りゅうはきぐち》は山笠群像の浮き彫りだ。並ぶ祈願絵馬には英語も中国語もハングルもある。

〈元気な赤ちゃんが無事生まれますように。二人のお姉ちゃんもすくすく育ちますように〉〈○○先輩と結婚を前提にお付き合いできますように。そして結婚できますように〉〈博多に生まれて五十一年、今の災いが去って願いが叶《かな》いますように〉〈お母さんの体調がよくなって長生きできますように。明日の結果も悪い方にすすみませんようにお願いします！〉

人々の願いは皆同じ。私も同じ願いを祈って手を合わせた。

荒津の浜の万葉歌

昼の天神の路地〈創業明治37年　博多皿うどん発祥の店　福新楼《ふくしんろう》〉にひかれて入ったのは裏口で、正面は大きなロビーの立派な中華菜館だ。

「お一人様ですか」「はい」二階の空席を確かめて案内され、黒服のフロアマネージャー、制服のウエイトレスがしずしずと迎える。カーテンで仕切る席もある品のよいゆったりした室内だ。「いらっしゃいませ、何にいたしましょう」「博多皿うどんをください」「かしこまりました、調理に十五分から二十分いただきますが」「結構です」

机に栞《しおり》〈福新楼108年目へ〉がある。

明治三十年、貿易商を志して来日した中国青年・張加枝は故郷の福建《ふっけん》省と地形や気候も似て山海の食材豊富な福岡に中国料理店を開き、普及につとめた。福岡生まれの二代目・兆順が考案した皿うどん〈福建炒麵〉は福岡人の愛する一品となる。

〈異国の味を博多の人が「旨《うま》か、旨か」と受け入れてくれた〉〈福新楼で食事をするのがステータスでした〉〈当時は中国料理の頼みの綱といえば福新楼さんだけ（料理家）〉〈九州初の民放テレビＲＫＢのスタジオ放送第一回が兆順さんの料理番組で、緊張の生本番を無事終えて皆でいただいた「鯛《たい》のあんかけ」が忘れられません〉。各界の人が店に寄せる思いを語っている。

「お待たせしました」

大皿に香ばしい湯気が上がる。冷蔵庫のない昭和初期、生ちゃんぽん麺保存に表面を焼き、スープで煮込んでもどして炒《いた》めるとおいしかった。そこに野菜・エビ・小イカなど具たっぷりのあんかけをのせる。長崎のぱりぱり揚げ麺と異なるもっちりした太麺はぷりぷりした弾力だ。昼時を過ぎた時間に中高年夫婦も。福岡食文化のもう一つのルーツを知った。

福岡の名所大濠公園に行くのは初めてだ。初代福岡藩主・黒田長政《くろだながまさ》は慶長五（一六〇〇）年福岡城築城にあたり博多湾入江を外濠に利用、地名「福崎《ふくさき》」を「福岡」に改めた。時を経た昭和二年「東亜《とうあ》勧業博覧会」開催を機に造園し、のち大濠公園となった。名のとおり敷地の半分を占める広々とした湖水の眺めがすばらしい。湖中の三つの島を四つの石橋がつなぐ。

西寄り最初の観月橋は一番長く、別地へ渡る気持ちが高まる。渡った先の柳島は水面

凛とした大濠公園の鷺

に張りだした朱色の浮見堂が鮮やかだ。次の小さな太鼓橋・松月橋の先の松島はかつて荒津《あらつ》の浜とよばれ、万葉歌の石碑《かた》が建つ。

しろたへの袖の別れを難みして荒津の浜にやどりするかも

〈あなたとこのまま離ればなれになることが惜しいので荒津の浜で一夜をとってしまった〉いい歌だなあ。

穏やかな水面《みなも》に水鳥が群れ、岸の石に緋鯉《ひごい》も泳ぎ寄る。松の根方に長脚をそろえて立つ鷺《さぎ》は近づいても動かず、おもむろに翼を広げ悠々と羽ばたき立つ。

三つめの茶村橋《ちゃそんはし》から菖蒲島《しょうぶ》へ。小さな石橋がつなぐどの島も老松が茂り、枯れ松葉を踏んで歩く土は、両側が水面のためか彼岸浄土の道行きのようだ。

沖のほんの小さな鴨《かも》島の高い梢《こずえ》は鳥の大群で埋まり、があがあと鳴き声がここまで聞こえる。昔から渡り鳥の休息地で、今は野鳥の森に保護されているそうだ。最後のさつき橋を渡り再び「陸地」に立った気持ちがした。

池の一周およそ二キロは散歩、ランニングに道が分かれランナーが絶えない。草地でお弁当を広げる幼稚園児たち。車椅子からゆっくり立つ老人、池に向く様々なベンチは女性が読書やメール。あたりはよく整備され、毎日ここを歩けばさぞ健康だろう。本気でこのあたりに住みたくなった。

居酒屋の大人

大濠公園と天神の間の赤坂《あかさか》は気の利いた店が集まる。なじみの居酒屋「寺田屋《てらだや》」の新店「寺田屋すみ処《どころ》」に顔を出した。

「お、いらっしゃい」

主人小田さんはいかにも博多っ子のすっきりしたいい男。「寺田屋」の旧名は「寺田屋の二階」で龍馬《りょうま》ファンの先代が龍馬常宿の名をとった。そこは細路地奥の潜《くぐ》り戸を入る極小店だが、この新店は広い。福岡は人気の飲み屋エリアが刻々と変わってゆくそうで、これも福岡活力の現れだろう。

串焼きで飲む焼酎《しょうちゅう》がうまい。カウンターに座る白ワイシャツネクタイの、大佛次郎《おさらぎじろう》と福田恆存《ふくだつねあり》に似る紳士二人は飲み方が豪快だ。小田さんが言うには、福岡の居酒屋は年配者が遠慮なく店の者に小言を言う。「オレだからいいがおしぼり投げたらいかん」「靴は斜めに置くな」。「あのバイトの男は気が利く」と若い者を見る大人がいる。しかしその後「お前は払わんでよか」と飲みに誘う。小田さんも今座る二人に、先日美人ママの店に連れられたそうで礼を言っている。男が男を鍛える山笠の伝統だろうか。福岡のそういうところが好きだ。

「再来年のＮＨＫ大河ドラマは黒田官兵衛《かんべえ》だそうですよ」

「へえ、主演は？」

「岡田准一《おかだじゅんいち》とか」

「おお、それはいい！」

秀吉《ひでよし》の知略の軍師・黒田官兵衛は福岡初代藩主・長政の父だ。

「福岡ブームが来るぞ、儲《もう》けろ」

「勝負するけん」

小田さんがうなずき、紳士二人が笑った。

玄界灘の刺身は厚く

旅の楽しみは朝の散歩。町の素顔を見にゆく。

那珂川を渡った中洲は夜は九州一の繁華街だが、昼は閑散として人通りなく、ああこだったかと見る馴染《なじ》みのバーもぴたりと戸を閉ざす。いるのは酒瓶の回収配達ばかり。ぶらぶら歩く私は初老の職探しか。博多川を越えると博多地区で、櫛田神社近くは「はかた伝統工芸館」や「『博多町家』ふるさと館」がある。小春日和《びより》の冷泉《れいせん》公園に早いお弁当をつかう美女が二人。福岡は美人がいっぱい。あまりじろじろ見てはいけません。

明治通りは新しい大きなビルが並び、広い舗道に並木が整備される。ひときわ大きな「博多座」は九州一の劇場で、舗道から広い外階段を上がるアプローチがいい。通りの向かいに、立膝で扇をかざす川上音二郎《かわかみおとじろう》の像がある。

幕末の博多に生まれた音二郎は自由童子《じゆうどうじ》と名乗り、出奔した大阪を中心に政府攻撃演説、新聞発行等でたびたび検挙されながら、反骨世相風刺の「オッペケペー節」で一世を風靡《ふうび》。演じる書生・壮士芝居は舞台に拡大し、従来の旧劇（歌舞伎）に対する新派となった。人気芸者・貞奴《さだやっこ》と結婚して舞台に立たせ、パリ万博など三度の海外公演を敢行。フランス大統領から芸術文化勲章を受けた。さらに風俗劇を脱皮してシェークスピアなどの翻訳劇を始め、明治四十四年に舞台で倒れるも、新派劇創始者の名を一代に残した。

偉大な先達を生んだ博多は芸事の盛んなところで、熱中する気質を「博多のぼせもん」と言う。目を隠す滑稽な面でしゃべる漫談「博多にわか（二和加）」は藩主・黒田長政が町人を招いて面をかぶせ、言いたい放題を許して治世に役立てたのが始まりで、明治に入りさらに盛んになった。

郷《ごう》ひろみ、井上陽水《いのうえようすい》、鮎川誠《あゆかわまこと》、武田鉄矢《たけだてつや》、氷川《ひかわ》きよし、藤井《ふじい》フミヤ、梓《あずさ》みちよ、中尾《なかお》ミエ、山本《やまもと》リンダ、松田聖子《まつだせいこ》、小柳《こやなぎ》ルミ子、西川峰子《にしかわみねこ》、浜崎《はまさき》あゆみ、タモリ、小松政夫《こまつまさお》、イッセー尾形《おがた》、陣内孝則《じんないたかのり》、高倉健《たかくらけん》、千葉真一《ちばしんいち》、草刈正雄《くさかりまさお》、米倉斉加年《よねくらまさかね》、細川俊之《ほそかわとしゆき》、妻夫木聡《つまぶきさとし》、等々福岡出身の芸能人は多く、今も音楽や芸能で一発のしあがろうと、夜の春吉橋で地面に座り込み、ギターで歌う若者が絶えない。

崎戸島

夕方、東京から予約しておいた舞鶴《まいづる》の居酒屋「さきと」へ。

「こんちは」

「やあいらっしゃい」

カウンター一本の小さな店。主人はいつものようにあっさりと迎えた。箸の置かれた席の隣のご夫婦は「東京さきと会」でお会いした方だった。ここは遠来のファンも多く、時々東京常連組が主人を東京に招いて会を開く。この夏は中野《なかの》の中華料理屋だった。今度「大阪さきと会」もあるらしい。

と書くと高級店の料理人を囲む会のようだが、当店は酒一本五〇〇円～、かきフライ五八〇円、たら白子八〇〇円、海鮮丼一二〇〇円と、値段は高級ではない。

しかし！　ながく魚の卸し、小売りを経験した主人の仕入れのレベル、調理は極上で、例えば福岡ではどこでも出す〈ごま鯖〉のすばらしさ。鯖を鯛や平目にかえた豪華版。それをご飯にのせた〈魚茶漬〉の圧倒感よ。カウンター前の食器棚を埋め尽くす値段明記の品書きビラに誰しも迷いに迷うに違いない。

何はともあれ冬の玄界灘《げんかいなだ》の刺身盛り合わせだ。〈クエ・鯛・アラカブ・シャコ・赤ハタ・タチウオ・大分佐伯《さいき》と済州島の鯖・ヤリイカ・平目・カナトフグ〉の一切れ十品・一二〇〇円は全く申し分なく、しかも「刺身は厚く切らないと味が出ません」とぶ厚い。アラカブ、赤ハタ、佐伯の鯖、平目は特にすばらしく、目をつぶってウンウンうなずく。私の気に入りの徳利《とくり》と盃《さかずき》でやる酒のうまさよ。

白髪丸刈りの主人松本さんは「仕入れと下ごしらえがすべて、開店したら、後は出すだけですよ」と話していた。店を広げたり高級にしたりする気持ちは全くなく、自分のできる範囲で努力し、それ以上の欲はかかない淡々とした人柄が「さきと会」になったのだろう。「さきと」は主人の出身地・長崎の崎戸島《さきとじま》からつけた。先年の崎戸中学校の還暦同窓会は八十人来たそうだ。

「八十人はよく集まったたね」

「クラスが六組ありましたから」

戦後のベビーブームだったのだ。

新聞論説委員のようなおちついた紳士客が多い中に、気軽な服装の一人男性の飲みっぷりがいい。蓋付の陶器大ジョッキのビールを飲み干した次はガラスの大ジョッキに白ワインが一本なみなみ。肴《さかな》は〈鰹《かつお》たたき〉。すべてをきれいにして三十分でさっと立っ

ここぞ福岡のわが居場所

た。去り際に挨拶されていた隣のさきと会夫婦によると、今の方は知られた名士で、毎日この時間に来て注文なしですべて出る。陶器ジョッキはドイツにいるお嬢さんの贈り物。「ビール一日一ダース」の酒豪なのに口癖は「お酒はきらいです」。さらに空手の先生でもあるとか。福岡には猛者《もさ》がいるものだ。そんな会話を松本さんがにやにや聞いている。さて、

「塩ウニね」

「はーい」

全国で塩ウニを食べたが崎戸島のが一番。さらに冬のナマコ。

「今日は山口と大分姫島《ひめしま》ですが大村《おおむら》湾のが最高です」

「ぼくの母は大村出身なんだ」

「あ、同県人ですね」

松本さんが顔を上げ、にっこり笑った。

屋台から見上げた月

朝の九時、ホテル近くのスターバックスで熱いカプチーノをすすった。半熟玉子とチーズのサンドイッチ〈クロックマダム〉も温かい。

冬の光がまぶしい外を出勤の人が行く。福岡に来て気がついているのは身なりの良さと美人の多いこと。通りを歩いて、向こうから来る女性を美人だなあと見て（すみません）、しばらく行くとまた一人。その気になってよく見ると（すみません）やはりいる。今も数人が通り過ぎた。

日本の美人県は秋田・京都・福岡と言われる。しばらく前に旅した秋田はふっくらと色白のロシア系を感じたが、福岡はエキゾチックで人好きのするラテン系顔だ。福岡はいいところだなあ（ここで言うか！）。

店内にクリスマス曲が流れる。もうクリスマスだ。広いガラス窓にも星の切り抜きが貼られる。

旅を実感するのはこういう時だ。住む近所で喫茶店に入り、道行く美人をながめる、などということはしない。知らない町で日常にふれるときこそ本来の自分に帰る。まあ、ヒマなんです。

昼は「福新楼」へ。同じ店に二日入るのも「旅の日常」気分。昨日は〈福建炒麵／博多皿うどん〉。今日は〈打滷麵／あんかけうどん〉にしよう。

昼時を過ぎて中高年が多い。品のよいツイードジャケットの紳士は、机のザーサイをつまみにビール一杯。丸善《まるぜん》の袋から取りだした本をそっと見るとギリシャ語の入門書だ。インテリだなあ。無学で見るものがないヒマな私はメニューの漢字の勉強だ。

仕景雑麵／ちゃんぽん
韮菜雑麵／ニラちゃんぽん
乾焼蝦仁／えびのチリソース
腰果鶏丁／鶏肉とナッツの炒め
金銭肉片／豚肉ニンニクの炒め
芒果布旬／マンゴープリン
双耳湯河粉／キクラゲと玉子入り汁ビーフン……ふうん。

「おまちどおさまでした」

椎茸《しいたけ》・豚肉・双耳（キクラゲ？）などのあんかけに、麺は皿うどんと同じ。私もザーサイをつまみにゆっくりといただきました。

さて食後散歩。近くの〈縣社《けんしゃ》　警固《けご》神社石塔〉の〈建角身命《たけつぬみのみこと》　豊玉姫命《とよたまひめのみこと》〉はどういう意味だろう。〈御神水足湯〉もあるけれどいささか恐れ多い。福岡初日におしゃれのつもりで買ったえんじのウインドブレーカーも着慣れてきた。その店の前を通り、買ったときの美人店員と目が合って恥ずかしい。気に入ってますよ。

歩む姿が柳腰

「こんちは」

「あらー、いらっしゃい」

那珂川・春吉橋たもとを入る居酒屋「な丶草《くさ》」の、広い葦簀《よしず》張り座敷のカウンターに座った。にっこり笑う白割烹着《しろかっぽうぎ》の若女将《わかおかみ》は、もう〝若〟女将じゃないですと笑うが、橋たもとの三人舞妓像さながらの愛くるしい丸顔は昔とちっとも変わらない。学生時代から調理を手伝い、かわいがってくれた女将の急逝で表に立つようになり十二年過ぎた。今日も先代の写真に生花が飾られる。こちらは大女将、あなたは永遠の若女将です。

前には大皿お惣菜《そうざい》がいろいろ。

「佐賀のいろは島《じま》牡蠣《かき》、食べしゃらんとですか、今日から出とる」

佐賀の「いろは島」は長崎「九十九《くじゅうく》島《しま》」と同じ小島群の総称で牡蠣の味の良さが有名。

昨日解禁で届いた初荷の粒は小さいが、濃厚な味は紅葉《もみじ》おろしでぴりっと引き立ち、燗酒にぴったりだ。

「最近いっちょん季節がわからんけんがこれだけは正確」「あの人来んしゃっと？」「実家ば改造してカフェーにしとる。工事費がばか高《たか》か言うとったわ」

聞こえてくる博多言葉がいい。カウンター端の竹久夢二《たけひさゆめじ》美人画はイメージが似とると客が持ってきたそうで、帯高の柳腰はたしかにそう感じる。

博多帯締め　筑前《ちくぜん》絞り
歩む姿が　柳腰

昔おぼえた博多節の一節。若女将の白割烹着の背に見えるきりりと細身の博多帯は、普通幅の半分の半丁帯で柄は決まっているそうだ。私は堅い織りが気に入り、昨日の昼「はかた伝統工芸館」で博多帯コースターを買った。

祝いめでたの若松様よ
枝も栄《さか》ゆりゃ葉も繁る

「なゝ草」若女将は白割烹着がぴたり

こちの座敷は祝いの座敷
鶴と亀とが舞い遊ぶ

正面に飾る手拭い額は祝いや祭に欠かせない「博多祝い唄」だ。山笠のハイライト追い山が午前四時五十九分に始まるのは、一番山が櫛田入りする時これを歌うのに一分かかるからだ。那珂川に面して一面ガラス張りの座敷は、対岸の中洲繁華街ネオンがゆらゆらと川に映り、ここの眺めは福岡一だ。

「もう一本」

「はい、太田さん珍しかゆっくりされて、うれしいけん」

いいなあ、博多小女郎《こじょろう》、長居しますよあたくしは〜。

春吉橋たもとの屋台に「囲いが冬型になったのう」と客が来る。おでんをつつく会社上司と若手の二人は親子のようだ。屋台酒は気持ちを正直にするだろう。お湯割り焼酎がうまい。

ラーメンをすする女性一人に若い兄貴マスターが小声をかけた。「ふられた?」「うん、ふられた」「何回め?」「……言いたくない……今ナミダ出そうだけど泣かない」

私は聞こえていないふりで、囲いビニールを分けて夜空を見上げた。博多の夜にまあるい月が昇っていた。

無法松のおでん屋で一杯

博多のうどん屋「みやけ」は墨書黒々と「うどん」と大書した白提灯《しろちょうちん》が軒にさがる。開店昭和二十九年。五十八年を経た店内は踏み固まった三和土《たたき》に一本脚の丸椅子は床に据え付け。土間の大きな竈《かまど》に嵌《は》まる口径二尺の、風呂のような大鉄釜が仕事場のすべてだ。たちのぼる湯気を採光窓の光が斜めに射して、どこか懐かしい。

釜の縁には金網のテボ五つ、おつゆを温めているタンポが二つ。注文が出ると茹《ゆ》でうどんをテボで湯に浸け、チャッチャッと二度振って丼にあけ、タンポのおつゆを入れて出来上がり。三十秒とかからない。机には割箸と一味唐辛子と丼いっぱいの葱《ねぎ》のみ。

スー……。

なんという豊かな昆布出汁だろう。福岡で最も太いという、清浄無垢《むく》に柔らかいうどんは女性の柔肌の如《ごと》し。うどん三〇〇円、ごぼ天・丸天（さつまあげ）各八〇円。笹掻《ささが》き牛蒡《ごぼう》のかき揚げごぼ天は、おつゆにはらはらと溶けておいしい。

客は皆ここを熟知して黙って食べて帰るが、久しぶりの人はひと声かけたいようだ。

「大阪から転勤で来よった人が、このうどんの味が忘れられん言うとった」「またひと月先、来る」と帰ってゆく婆《ばあ》さん二人は病院通いだろうか。昔からの単品うどん一筋は福岡の古い味なのだろう。額の〈昭和十二年六月　六番山笠當番《とうばん》東出町建設記念〉写真は、飾り山笠に流《ながれ》の一党が集まる。「七十年前ですからね」と主人がつぶやいた。

コーヒーは今日も春吉裏通りのジャズ喫茶「ＪＡＢ」へ。

「お、まだいたんですか」

口ひげ、太い三角眉、しゃくれた顎のマスターにヒマですねという顔をされる。そうだよ。ここの天地一・五メートル、左右一・八メートルもある巨大なＪＢＬスピーカーの柔らかな音にすっかり魅了された。私の趣味は真空管アンプで聴く五〇年代の白人女性ジャズボーカルのレコード。愛聴盤をかけてもらったがまるで音が違う。

「口惜《くや》しいくらい違うね」

「へへへ、ウチはこれだけです」

アンプはやはり真空管だが、いろいろ変えたけどスピーカー特性が強いのであまり変わらないそうだ。暗い地下ではない。窓を広くとった町角ジャズ喫茶の雰囲気がいい。

開店昭和四十六年、すでに四十年以上続いている。旅に来て三日、しだいに古い福岡にひきつけられてゆく。

日本居酒屋遺産

昨晩、居酒屋「な〻草」の帰りに見かけた、暗い通りにぽつりと明かりを灯《とも》す普通の家の構えのおでん屋「安兵衛《やすべえ》」に行ってみよう。

がらり戸を開けた三和土にいきなり置いたような大机とカウンターは十五センチほどのぶ厚い檜《ひのき》で、椅子は長腰掛。低い舟底天井からぶらさがる裸電球の店内は薄暗く、古《こ》色蒼然《しょくそうぜん》の趣きだ。

燗酒のお通しが小さなうるめ丸干し八本とは渋い。机で一杯やっているとカウンター席が空き「こちらへいかがですか」と声をかけられ、望むところだ。座ったのは鍋前の特等席。さあ、おでん。

丸い銅鍋のおつゆは濃い醬油色でごぼごぼ煮え、関東の「煮ないで温めるだけ」のおでんとは違う。真っ黒になった筒切り大根、ざっくりしたつみれ、玉子は生卵を殻ごと四日間煮て、皿に盛る前に柔らかくなった殻をむく。人気の春菊は束ねた一人前の干《かん》瓢《ぴょう》をはずして茎だけしばし鍋に浸し、葉はくぐらすだけ。皆うまい。ものすごくうまい！　おつゆは見た目ほどしょっぱくなくもっとほしい。数人でおでんおまかせ一緒盛りを頼むとお椀《わん》のおつゆを銘々に出すのは、味わってほしいのだろう。さらにすばらしきは伏せた丼のきりきりの辛子だ。

「この辛子、利きますね」

「はい、二回練るんです」

古今亭志ん生《ここんていしんしょう》を面長にしたような主人は草履に半纏《はんてん》がぴたりと似合うこれぞおでん屋主人だが、口跡は声優のように明晰《めいせき》だ。

中国大連《だいれん》でおでん屋をしていた両親を継いで昭和三十六年に二十歳で開店。以来五十一年、きさくな奥さんと大きな息子さんの家族経営だ。キャベツ巻、がんも、餅入り巾着は自家製。台所には大根桂剝《かつらむ》きの白い皮が何本も干される。カウンター角に据えた丸い銅鍋は毎日ネタを上げて拭く。これは四代目。福岡に作る職人はいなくなり東京合羽橋《かっぱばし》に買いにゆく。

店にこもる古い空気に映画『無法松の一生』の三船敏郎《みふねとしろう》版を思いだした。年老いた小倉《こくら》の俥《くるま》引き松五郎はもう暴れることもなく、居酒屋の老爺《ろうや》（左卜全《ひだりぼくぜん》）を相手に、吉岡大尉未亡人（高峰秀子《たかみねひでこ》）への恋心を秘めて独酌する。その場面にそっくりだ。ここを〝日本居酒屋遺産〟に認定したい！

「安兵衛」“日本居酒屋遺産”認定

薄暗い明かりは人の心を近づける。ここは宴会ではなく居ることを楽しむ場所だ。隣に座る銀髪老紳士の連れは娘さんらしく、言葉少なげに時々お酌する父娘の光景がいい。スレンダー美女と、すらりとした黒上着男性のカップルが名残惜しそうに「ごちそうさまでした、また来ます」と帰り、替わって入ってきた美女二人は空いたカウンターに座り「いいわねえ」というように主人や店を見つめる。

私は古い福岡にたどりついた気がした。福岡は新しい通りにも古い店にも、どこにもすてきな美女がいた。福岡アイラブユー。

「次、がんもね」

「はい」主人がにっこり笑った。

八戸

2012年11月

八戸横丁のなんともよい眺め

北の町の飲み屋横丁

鉄道八戸《はちのへ》駅は明治二十七（一八九四）年に「八ノ戸」で始まり、明治四十年に「八戸」に。昭和四十六（一九七一）年、東北本線尻内《しりうち》駅が「八戸」になり旧八戸駅は「本八戸」に改称。平成十四（二〇〇二）年、東北新幹線が八戸に延伸し、市街のある本八戸は「本」と名こそ本家だが交通動脈からは離れた感が強まった。その八戸も平成二十二年、新幹線が新青森に開通すると通過駅化するのではと地元は心配し、ますます本八戸ははずれた所の印象になった。

東北新幹線を降りた乗客は、本数の少ないローカル線に乗り換えて本八戸に行くよりは、皆タクシーに乗る。私もそうした。

外には風花が舞う。

「今年は雪はふりましたか」

「こないだいっとまがふったがまんだほんとでね」

銀杏《いちょう》の黄色や楓《かえで》の赤が強烈に燃えるようだ。東北の紅葉は色が濃いと言われるが、厳しい冬の直前に情念の炎を思わせる。大きな温泉ランドがいくつもあり、寒く長い冬をここで過ごすのだろうか。タクシーは本八戸駅前を通ることもなく市内のホテルについた。八戸市は何度か来ているが、まだ駅を見たことがない。

荷物を預けて町に出た。通りの交差点は木枯らしが風花を吹き散らし、信号待ちのメロディー「乙女の祈り」も飛ばされるようだ。バス停には着ぶくれの列が動かず、それを見越してか野菜や海産物、餅や団子を並べた露店が座り、頭から毛布をかぶったおばさんが尻の下に手を入れ猫背でうずくまるが、あまり客はない。

冬山下着に軽登山靴装備で来たが寒い。〈鍋焼きうどん〉貼り紙の蕎麦《そば》屋に入り、床に置いた石油ストーブで手も尻も温め、その姿勢のまま注文する。

ふう……。鍋焼きうどんの熱いおつゆをたっぷり吸った車麩《くるまふ》がおいしい。冬はやはりこれに限るなと七味をさらに振った。

八戸は飲み屋横丁が八つあり、それで八戸と言う、のは嘘《うそ》で、たぬき小路《こうじ》／五番街／ロー丁《ちょう》れんさ街／長横町《ながよこちょう》れんさ街／ハーモニカ横町／みろく横丁／花小路／八戸昭和通りが、さほど大きくない八戸の町の中心にあり、肩ふれ合う細小路は寒い北国にふさわしい。〈長横町れんさ街〉の入口には店主の顔写真つき合同案内板がある。

おさな妻ふうおかみの小料理「美味《びみ》」は〈実家が洋野町《ひろのちょう》で、漁師なので海の幸をメインにしております。新鮮なホヤ、ナマコは絶品です〉。

握るポーズが愛嬌《あいきょう》たっぷりの主人の「光鮨《ひかりずし》」は〈鮨の旨《うま》さは心意気。八戸のおせっかい親父が握る心温まる人情寿司《ずし》〉。

上がり座敷の「天馬屋《てんまや》」は〈低コレステロールの馬刺、馬肉鍋。コラーゲンたっぷりの馬スジ仕様のラーメンと餃子《ぎょうざ》、とにかく馬い〉。

ママさんがにっこりする「もっきり家《や》ガンバレ父ちゃん」は〈いっぱい飲んで元気になろう。母さんの味で家庭的な雰囲気、心も体もあったまる〉。

午後三時、あたりは暗くなってきたがまだ人の気配はない。慌てることはない。ホテルにもどってひと眠りしよう。

PMイカ

横丁〈ロー丁れんさ街〉は漢字で書けば〈牢丁連鎖街《ろうちょう》〉。藩政時代の牢屋の場所に戦後、鎖のように飲食店が連なった古い小路だ。居酒屋「おかげさん」の開店は五時半、私が一番客だ。

「こんちは、もういい？」

「いいわよ〜」

と言いながらまだ台所は支度中。「とりあえず」と出たお通し〈きんぴらごぼう〉と〈イカと若布《わかめ》の酢味噌和《すみそあ》え〉がおいしい。ここへ来たのはめがねがセクシーな姉とお茶目な妹の、美人姉妹がお目当て。以前来た時、妹が「裏メニューもあるわよ」と後ろを向くと背中にメニューが貼ってあり、負けじと姉もタバスコ小瓶をはげしく上下するタバスコ踊りで大いにわかせたが、開店早々ではまだふざける雰囲気ではない。

しかし今日はもう一つ大きな目的がある。それはカウンター後ろの畳一枚小上がりのコタツだ。差し向かい席だがまだ客がなく、一人だけど座らせてもらおう。

「ここ、いい？」

「いいわよ〜」

いそいそと移ると「これがスイッチ、右に回すと強」と私の腹をまたいで教え、どぎまぎ。コタツが温まり靴下を脱いで素足に。おおいい気持ち。青森地酒「菊駒《きくこま》」のお燗《かん》を運んできた妹がお酌の徳利《とくり》を手に私を見た。

「コタツ一人で淋《さび》しぐねが、足こからめる人でもえればな〜、一緒にあたってやりてども店あるで」

感激。お言葉だけで十分です。素足も温まり万全の態勢ができた。

ツイー……。

これを至福と言わずして一体何が。まるで家にいるのと同じと言いたいが、わが家にコタツはなく美人もいない。家よりいい（カアチャン許せ）。

がらりと入ってきたのは〈PMイカ〉の配達だ。

日本一のイカ漁港八戸は朝と昼に水揚げで、午後のをPMイカと言う。「皮むぐから待っとげ」とやがて届いたイカ刺は、小鉢のゴロ（イカの腑《ふ》＝胆《きも》）を醬油《しようゆ》で溶き、好みで一味をパラリとしたのにつけて食べる。生臭みの全くない清潔な香りはすばらしく、とりわけ細切りしたエンペラ（耳）はパリンパリンに張って甘み限りなし。添えた〈菊の三杯酢（八戸特産の食用菊・阿房宮《あぼうきゆう》のお浸し）〉の気品ある香りがイカを対照的に引き立て、山葵《わさび》はいらない。

横丁の「いつでも夢を」

八戸の横丁居酒屋「おかげさん」のコタツ席に座り、今日の午後水揚げの〈ＰＭイカ〉刺身に私はご機嫌だ。

「ゲソ、焼いてくれる？」

「いいわよ〜」

美人姉妹の返事はいいわよ〜ばかりだ。ぱらりと塩を振ったゲソ焼は焦げ風味が加わりさらに良し。当店名物〈せんべいピザ〉は、鉄器一枚焼きのバリ付き南部《なんぶ》せんべいにピザチーズをのせ、トッピングは山芋、ツナマヨもあるが本格はイカ塩辛だ。とろりと溶けたチーズにせんべいの乾いた食感が合い、塩辛がアンチョビのようにきいてうまいのなんの。

「わはははは」奥の小座敷から男の笑い声が聞こえる。「せんべい汁、いいダシ出とる」に妹が「私のここ」と尻をたたくと、姉は「私は皮」と顔をなで、「んだっきゃぬぐだまる」「はんかくせ」と陽気な姉妹の調子が上がってきた。

目を転じたテレビは明日の天気だ。青森・津軽・八戸・下北《しもきた》と分かれて予報が出る。〈水道管破裂指数〉を示す女子アナウンサーは美人。八戸の横丁の居酒屋コタツ酒はすっかどきびいい。

「お姉さん、もう一本」

「いいわよ〜」

いいわよ〜を何度聞いたことでしたか。

小百合さんの席

翌朝、ひと晩眠って目を覚まし、八戸に来ている実感がわいた。冬晴れの昼すぎ、八戸横丁の一つ〈たぬき小路〉へ。

四年前、JR東日本・東北キャンペーンの吉永小百合《よしながさゆり》さんが赤提灯《あかちょうちん》の酒場横丁に立つポスターはこのたぬき小路で撮影され、好評だったのか二年連続で使われた。その小路入口にポスターがパネル保存され説明がある。

〈平成21年10月24日　この日JR東日本のTVCMの撮影が当地で行われました。吉永小百合さんの背景がこの通称たぬき小路です。鷹匠《たかしょう》小路（註・あたりの総称）では毎年10月24日を「小百合記念日」と制定し、その日はこの小路を「小百合通り」と呼ぶことに……云々《うんぬん》〉

ついに小百合通り誕生だ。テレビCMは一筋隣の〈長横町れんさ街〉の居酒屋「山《やま》き」でも撮影された。女友達と来た小百合さんが「ここね」という表情で玄関を開けカウンターに座るCMを憶《おぼ》えている方も多いだろう。今夜はそこに入ろう。

「こんちは」

「あら、いらっしゃい」

にっこり笑うママさんは顔なじみ。カウンター正面に色紙がある。

〈山き様　いつでも夢を　吉永小百合〉

後ろにはポスターがパネル貼りされて花が飾られる。ママさんによると、協力依頼は早くからあったがタレント名は伏せられ、直前に「内密に」と教えられた。小百合さんが来るのは大事件で、知れると市長挨拶やら花束贈呈、記念撮影、野次馬で仕事にならないのだそうだ。撮影中ママさんも隅で見させてもらっていたが、ちょっと直しが入って小百合さんが外に出た時、メイクの人が「今ならいいですよ」と誘ってくれ外に出て挨拶した。小百合さんは「いいお店ですね」と言ってくれたが、店内は美術スタッフががらりと変えていつもと違い、思わず口ごもると、後ろにいた息子さんが「ありがとうございます」ときっぱり言ってくれ助かったと笑う。

小百合さんが座られた席は人気で、その椅子の裏には小百合席と書いてある。今日は私が座らせていただくが行儀よくしなければ。私もまた小百合様の大ファン、〈いつでも夢を〉は生涯座右の銘だ。

しかし！　この「山き」のママさんがまた女優顔の超美人で私はさらにファン（小百合様すみません）。息子さんが二階でバーをやっているとは到底信じられない若い笑顔にひかれて席を埋める男どもを、みな品行よくさせる。

「そばかっけ、ください」

「はい、温めますね」

鯖《さば》みそ煮、小イカ煮などの大皿が並ぶカウンターは寿司の付け台だ。ママさんのご主人はここで寿司店をしていたが平成十七年に早世され、居酒屋に変えた。

ご主人はどういう方でしたかと尋ねると店の隅のパネルを運んできた。それはこの長横町れんさ街の合同案内板に使っていたものだ。コメント〈お客様との出会いを大切にし、美味《おい》しさと優しさで今日も笑顔の一握り！　大将は熱いジャイアンツファンです〉に添えた顔写真は目が好意的な男らしいハンサムだ。気《き》っ風《ぷ》のよかった人望を惜しんだ

「山き」のママさん、後ろに小百合さんの色紙

客が持ってきた、使えなくなったパネルを大切に店に置くのは「パパはまだ店にいる」というママさんの思いだろう。

「これも見てください」というチラシは、ご主人の一番弟子だった方が東京新橋《しんばし》で開いた居酒屋「おんじき」の案内だ。

〈私どもは青森県の八戸市から出発した小さな個人店です。3月11日の大震災で、故郷の八戸も大きな被害を受けました。震災後、計画途中の新店舗も時間も止まってしまいましたが、沢山の人の後押しで自分の夢を……〉

店主顔写真の吹き出し〈「山き」から巣立った佐々木です〉が、いかに親方を信頼していたかをわからせる。「中卒で入ってきて、めんこい子だった」と感慨深いママさんは、このチラシをご主人のパネルに見せたことだろう。

いつでも夢を――。

ここにも夢がある。「もう一杯」私は注文し、ママさんと「ご主人に」と盃《さかずき》を上げた。

イサバのカッチャの朝ご飯

横丁とならぶ八戸名物は朝市だ。所と日を変えて九つの市が立つ。最も大きな「館鼻《たてはな》岸壁朝市」は、漁船団の接岸する館鼻漁港に冬季以外の毎日曜、午前三時（北東北の朝は早い！）に始まり、午前九時にはもう終わる文字通りの朝市で、仮設店舗三百五十、来客一万〜三万人、野菜・果物・海産物・惣菜《そうざい》をはじめ雑貨古道具、コーヒー、ラーメン、串焼魚など食べる方も充実した日本一の朝市だそうだ。港に近い「陸奥湊《むつみなと》駅前朝市」は午前三時から正午まで、冬の平日もやっている。

陸奥湊駅前に句碑。

降りかゝる雪に筋子《すじこ》や陸奥湊

昭和三十八年、俳人・草間時彦《くさまときひこ》が当駅に降りた時の作とある。

その後ろに立つ、イカを高々と持ち上げて笑う漫画的な石像「イサバのカッチャ」は朝市主役の「市場の母ちゃん」だ。ポスター「イサバのカッチャコンテスト」は割烹《かっぽう》着《ぎ》・ネッカチーフ・長靴・背負いかごのスタイルでポーズやかけ声を競い、第十回の今年は元チャンピオンも来るらしい。

天井高い大屋根の八戸市営魚菜小売市場は裸電球が下がり、間口一間《けん》ほどの売り場にイサバのカッチャがでんと座る。鱈《たら》に鮭《さけ》、真っ赤な筋子は今が最盛期、名物は牛乳瓶に入る塩ウニだ。

私が必ず買うのは冬の乾風が味をよくするカレイの風干しだ。腹わたを抜いた介党《すけとう》ダラ風干しはぶつ切りで煮ると最高にうまい。空き地には今朝の水揚げがまだ濡《ぬ》れて満艦飾に干され、カレイは身が厚く、イカはだらりと足をぶら下げ、介党ダラは海鳥除《よ》けなのか青い網がかけられていた。宅配便の伝票に住所を書き「よく乾いてるのをたのむね」と渡して買い物を終え、さあ朝飯だ。

隣のいつも入る「大洋《たいよう》食堂」は机の用紙に注文と名前を書いてカッチャに渡すのがお約束。いつか椎名誠《しいなまこと》さんたちと来た時「シーナマコトさーん」「はーい」と手を挙げて答えていたのがおかしかった。今日はまだ早く、市場の奥広場にストーブと長机、パイプ椅子を並べた朝ご飯コーナーにしよう。まず売り場でマグロ赤身刺身五〇〇円をゲット。炊きたてご飯ジャーと味噌汁鍋、いろんなおかずを前に立つカッチャに、ご飯・納豆・味噌汁・茹《ゆ》で白菜、計三五〇円を注文。イカ塩辛はサービスだ。いそいそと机に並

朝市、イサバのカッチャ

べ、おっとセルフサービスのお茶持ってこなくちゃ。

納豆を周到にかき混ぜた後、熱い味噌汁をすすり、湯気を上げるご飯に山葵醤油ぶっかけマグロ赤身をのせてわしわしわしわし。これですよこれ、朝飯はこれでいいのだ。朝の仕入れらしい男たちはどんぶり飯にイクラぶっかけ、タクアンばりばりで素早く終わらせて立つ。きちんとした支度の美女三人は出勤前の朝ご飯だろうか。奥の二十人ほどは職場旅行らしく「誰かイクラ半分あげる」「おお、じゃイカ刺と交換」「ウニもあるよー」とにぎやかに、各自好物をとり並べた市場の朝ご飯に盛り上がっている。

壁に、昨年のロンドンオリンピック女子レスリング金メダル、特大見出し「伊調《いちょう》3連覇　小原《おばら》涙の金　八戸出身2人偉業」のカラー新聞拡大が飾られる。小原日登美《ひとみ》選手はその前の五輪出場がならず一度引退。心身ぼろぼろの鬱病になって故郷にひきこもり自殺まで考えたが、父の励ましや結婚した夫の支えで三十歳を過ぎたミセスとなっての出場で悲願達成。勝利の瞬間の、感極まって両腕を突き上げる写真は「苦難を乗り越えた姿」として日本も私も感動させた。まして津波に襲われた八戸市民をいかに勇気づけたことか。朝の市場でよいものを見た。

B－1グランプリ

さて今夜も古い〈たぬき小路〉に繰り出そう。焼鳥とお惣菜の「せっちゃん」は四十年続く横丁の生き字引。店はカウンター六席と小さいが、奥の薄布団敷き詰め四畳半コタツが魅力的だ。

「あなたこの前来たわね」

「来ましたよ〜」

お母さんは「後期高齢者よ」と笑うが、五十歳を過ぎて始めたスキーに夢中。一度骨折してもめげず、今も良い雪を求めて北海道に滑りに行く行動派で、言語明瞭お肌つやつや、背筋は伸びた羨ましいような方だ。

いま八戸は至るところに〈祝　八戸せんべい汁研究所　第7回B－1グランプリ　ゴールドグランプリおめでとう〉のビラが貼られ、その話になると隣の客が「私は研究所の者です」と自己紹介した。せんべい汁によるB級グルメ町おこしを考え、八戸で第一回B－1グランプリを行い一万七千人を集めたが第四位、その後静岡富士宮《ふじのみや》開催などずっと参加し、昨年第七回の北九州大会でついにゴールドグランプリとなったそうだ。

せんべい汁は鶏《とり》や野菜の汁に専用の南部せんべいを割り入れる郷土家庭料理だが、優勝をめざし鶏スープ・豚バラ肉・牛蒡《ごぼう》・人参《にんじん》・キャベツなどで工夫を凝らし最高の味を出したと胸を張る。

「へえ、どこで食べられるの？」

「店では出してないんですよ」

「ええ？」

賞狙いの試作品？　それじゃ意味ないわよとお母さんも突っ込み、そう言えばそうですと頭をかく。お母さんが言うには、せんべい汁は昔はどこにもあった安い鯖缶で作るのが本道で、そんな贅沢《ぜいたく》グルメとは違うそうだ。

「今度来なさいよ、作ったげる」

うれしいお言葉をいただいた。

酒場横丁だけの町ではない

風呂好きの町、八戸。ホテルでもらったマップには三十九軒の銭湯が郊外に点在する。今や車社会、町中の下駄《げた》履き銭湯よりは駐車場付き温泉ランドなのだろう。それでもホテルから歩けそうな「ニュー朝日湯《あさひゆ》」をみつけた。

八戸の銭湯は朝湯が当たり前で、ここの開湯は午前（午前ですよ）四時四十五分。冬の今は真っ暗だ。五時でもいいのに十五分はやく始めるのはなぜか。夜は二十三時までと営業時間じつに十八時間十五分。その間もちろんボイラーは焚《た》き続け、閉まるのは深夜だけ。その間に湯抜きして清掃、また湯を沸かすからまさに不眠不休、しかも年中無休。東京あたりの午後三時開湯とは覚悟がちがう。

朝七時、顔も洗わずニュー朝日湯へ。寝ぼけまなこでホテルのタオルをぶらさげ、自転車登校の学生とすれ違うのが恥ずかしい。案外遠く、不安になったころ廃材など燃料が小山をなす大きな銭湯に着いた。広いロビーの番台のおばさんに大人四二〇円を払い、男のれんをくぐる。

朝風呂朝風呂。いそいそと服を脱ぎ、なみなみとした大浴槽に足からそろり。うー……たまらんのう。カネもいらねえ女もいらぬ、オレはお風呂があればいい～。

朝七時に結構人がいる。年配ばかりでなく若いのもいるのは今から仕事か。私は翻然と気づいた。家の近所にこれがあれば毎朝来るにちがいないと。

郷土の先覚者

岩手県北から青森県南に一戸《いちのへ》、二戸《にのへ》と四を除いて一から九まで並ぶ。「戸」の由来は諸説のようだが整然と数字の連なる地名は珍しい。同様に八戸市内を一巡する廿三日《にじゅうさんにち》町《まち》、十三日町、三日《みっか》町、八日《ようか》町、十八日町、十一日町、朔日《ついたち》町、六日《むいか》町、十六日町、廿六日町は「市」の立つ日で、日決め市が経済の中心だった昔を偲《しの》ばせる。

その通りに「ふるさと先人」のパネルがいくつも続く。

〈日本の女性ジャーナリストの草分け／羽仁《はに》もと子《こ》 明治6年長横町生まれ。八戸小学校では成績優秀で文部省から表彰、女子で唯一高等科へ進学。明治22年、東京府立第一高等女学校入学、キリスト教の洗礼を受く。女性記者となり『家庭之友』創刊（後に

配電盤を利用した「ふるさと先人」パネル

った。

私の知るのはこの人ばかりだが二十メートルおきほどに立つパネルを熱心に読んでい
生涯を女性の解放・自由教育に捧《ささ》げた〉
『婦人之友』)。「思想しつつ、生活しつつ、祈りつつ」の理念のもと「自由学園」創設。

〈自由民権の思想家／奈須川光宝《なすがわみつとみ》　安政《あんせい》2年八戸藩士の三男に生まれ、藩馬術師範・奈須川家の養子となる。藩学に学んで教員となり政治結社「暢伸社《ちょうしんしゃ》」結成。明治14年「産馬騒擾《そうじょう》事件」では、せり市の完全民営化のため産馬組合を発足、県との裁判に勝訴。八戸自由民権運動の先駆けとなる。憲政会系の「八戸土曜会」を経て第1回衆議院選当選。大正7年「鮫《さめ》漁港築港期成同盟会」を結成し超党派で実現に貢献した〉

〈八戸港建設の基礎を築く／浦山太吉《うらやまたきち》　嘉永《かえい》6年、十三日町の小間物雑貨店に生まれ、明治初期の秋田で鉱山採掘業を始める。鉱山から八戸に簡易鉄道輸送、八戸港から各地への船舶輸送を企画。鮫港実現の基を作る。日本鉄道会社取締役に就任し東北本線八戸経由ルートの実現など八戸の経済発展に尽した〉

〈八戸の水力発電の創始者／6代目橋本八右衛門《はしもとはちえもん》　明治14年、江戸期からの酒造・河内屋《かわちや》に生まれ6歳で家督を継ぐ。満州《まんしゅう》に視察し、諸外国同様、八戸発展に電気導入が急務と痛感。八戸水力電気を創設。是川《これかわ》発電所、島守《しまもり》発電所から八戸に電気を送った。電

話開通にも尽し八戸の電話番号1番は長年河内屋が持ち、港の八戸製氷創設など経済発展に尽した〉

〈「野球は人生」を実践した人物／大下常吉《おおしたつねきち》　明治31年、鍛冶町《かじまち》に生まれ早稲田《わせだ》大学入学。大正11年春の東京六大学リーグ首位打者など早稲田黄金時代の名選手として活躍。在学中から八戸中学野球部を厳しい「シートノック」で鍛え、昭和3年・5年に甲子園出場。恩師・飛田穂洲《とびたすいしゅう》の推薦で早大野球部監督就任。戦後は八戸高校監督、選抜甲子園ベスト4など郷里の野球人育成に足跡を残した〉

丸写しのダイジェストで申し訳ないが、他に〈次代を先取りした起業家／近藤元《こんどうもと》太《た》郎《ろう》〉〈えんぶり・三社大祭《さんしゃたいさい》の基礎を作る／大沢多門《おおさわたもん》〉〈山水画・花鳥画を得意とする日本画家／石橋玉僊《いしばしぎょくせん》〉など、顔とゆかりの写真が入る人物伝がおもしろくてたまらない。啓蒙《けいもう》、実業、文化、スポーツ。町の通りに郷土の偉人のパネルを立てるのは、わが地を誇り大切にする表れだ。

その先の〈はちのへ中心街散策マップ〉をじっと見て驚嘆した。折口信夫《おりくちしのぶ》所縁の地、映画監督・川島雄三《かわしまゆうぞう》所縁の地、評論家・大宅壮一《おおやそういち》夫人愛子《あいこ》誕生の地、片山潜《かたやません》夫人原《はら》たま誕生の地、プリマドンナ原信子《はらのぶこ》誕生の地、安藤昌益《あんどうしょうえき》居宅跡、作家・川端康成《かわばたやすなり》夫人秀子《ひでこ》誕生の地、作家・北村小松《きたむらこまつ》誕生の地、作家・三浦哲郎《みうらてつお》誕生の地、大町桂月《おおまちけいげつ》投宿の地、シナリオライター小国英雄《おぐにひでお》誕生の地、上杉小南《うえすぎこなん》誕生の地、等々が示される。

下北・田名部《たなべ》生まれの川島雄三は私が最も敬愛する映画監督。小国英雄は黒澤明《くろさわあきら》にも重用された映画脚本の重鎮。原信子は大正昭和に活躍した国際オペラ歌手。上杉小南は釧路《くしろ》時代の石川啄木《いしかわたくぼく》と交遊して小説にも書かれる。

交通動脈から離れた東北奥の小さな町と思っていたが、豊かな人材が生まれ、滞在していた。私は八戸を見直す気持ちになり、改めて通りを眺めるのだった。

湊橋と八戸の女《ひと》

早朝のタクシーは陸奥湊に渡る新湊橋にさしかかった。八戸の朝湯にすっかり魅せられた私は、今朝は遠出だ。朝市と朝風呂のセットを入浴券つき一五〇〇円でホテルからタクシーで送迎する「八戸あさぐる」は出発朝六時と早く、一人で行くことにした。時報のメロディーに運転手がぽつりと「八戸小唄です」と呟《つぶや》く。

唄に夜明けたかもめの港
船は出て行く南へ北へ
鮫の岬は潮けむり
けむる波止場に船つく頃にゃ
白い翼を夕日に染めて
島のうみねこ誰を待つ

錨《いかり》おろせば小霧の中に
紅い灯影がチラチラ見える
行こかなつかし湊橋

昭和六年、八戸鮫漁港築港完成を祝い市長・神田重雄《かんだしげお》がよびかけて作った新民謡で、レコード化され三橋美智也《みはしみちや》が歌った。三橋は北海道の生まれだが、民謡で鍛えた喉の「リンゴ村から」「夕焼けとんび」や津軽三味線など青森の印象も強い。私は大ファン、三橋の八戸小唄を聴いてみたい。

到着した「柳湯《やなぎゆ》」は六時～二十三時営業。外の看板は〈サウナ・バイブラ・電気風呂・立風呂・座風呂・薬風呂・うたせ〉。八戸銭湯はこれが普通で、八戸出身者が東京の銭湯に入るとサウナがないので驚くそうだ。

いそいそと服を脱ぎ、ぼおっとかすむ湯気の奥のサウナ室に直行。寒さで固まった体がじわりと汗で濡れはじめておよそ十分、限界が来て外へ。そこには水風呂。まず足先じわり、かなり冷たい。次いでひざ上まで、手で胸をちょろり濡らし震えあがる。いつまでも中途半端な姿勢でおれず、息を止めてざばあと頭まで潜った。

○×△☆◎！

潜水三十秒、脱兎《だっと》のごとく飛び出し、へなへなと気絶した。

茶色の薬湯「宝寿湯《ほうじゅゆ》」は十一種の生薬《しょうやく》すなわち、高麗《こうらい》人参・川芎《せんきゅう》・当帰《とうき》・蕃椒《ばんしょう》・桂皮《けいひ》・大茴香《だいういきょう》・蒼朮《そうじゅつ》・陳皮《ちんぴ》・香附子《こうぶし》・松藤《しょうとう》・他一つを配合、刺激・発汗・保温・芳香をベースに、肩凝り・腰痛・疲労回復に効とある。

ふうー……。

体に良いことをしている満足感がある。女湯までまたがる風呂絵は雄大な富士。津軽富士岩木山《いわきさん》でも八甲田山《はっこうださん》でもないんだナ。

八戸に銭湯が多いのは漁港ゆえだろうが、基本的に寒い土地柄は広い風呂でゆったりするに限る、なのではないだろうか。およそ二時間いて四二〇円。大満足でした。

湯ざましに陸奥湊駅まで歩いた。北東北の町はずれ、ぽつりとある昔の木造家の履物屋の台は大小のゴム長ばかりがたくさん並ぶ。ガラス戸の中華料理「大連」はかの地にいた人だろうか。新湊橋の手すりに海鳥の一羽が止まり、そっと近づくと海鳥とは大きな鳥だ。つと飛び立ち、遠い漁港めざして点となった。

八戸の女

八戸の八つの横丁はいちばん古いのが昭和二十一年からの〈たぬき小路〉。次いで古いのが〈ハーモニカ横町〉。最もディープな〈五番街〉は「サロン・ガールハント」「バー・アンジェラ」「スナック・ルージュ」など入るのに勇気がいる。〈花小路〉〈みろく横丁〉は新しい屋台村で気軽だ。

〈八戸昭和通り〉は名のついたのは平成だが昔からの飲み屋小路。その一番奥の丸太や壁板打ち付けの一軒家「浅坂《あさざか》」は居酒屋好きならばどうしても入りたくなる構えだ。今日は実行しよう。

「こんちは」

「いらっしゃい」

奥縦長の店。太《ふと》丸太組みの壁の腰板は（後で教わったが）トウモロコシの皮葺《かわぶ》き。天井は中丸太の桟に葦簀《よしず》。カウンターは縁を竹で囲み、椅子は巨木の輪切り。すべて自然木の素朴な店内に、正面の戸棚は精巧な細格子が清潔だ。

「いい雰囲気ですね」

居酒屋好きなら誰もが入りたくなる北酒場

「頼んだ大工が安上がりと言ってたけど、楽しんでたみたい」

おでんの大根にのせた〈青南蛮《あおなんばん》＝青唐辛子《とうがらし》の醤油漬〉でじんわりと汗が噴く。イカが良い時はイカと腑（胆）と青南蛮を和えるとうまい。昔はイカはほとんどスルメにするため余った腑で石鹸《せっけん》を作った。一斗缶で持って行くと売れ、脂が材料になったのだそうだ。八戸はやはりイカの町だ。

真っ赤なセーターに白割烹着、金縁めがねに金イヤリングのママさんはゴッドマザーのような貫禄《かんろく》だ。開店昭和五十二年。この横丁ではいちばん古く、八戸昭和通りの名にふさわしい。

「店名は名前から？」

「そう、浅坂けいこ。松坂慶子《まつざかけいこ》じゃないよ、アサハカでもないよ」

壁の〈浅坂恵子様〉のサイン入り演歌ポスターは「八戸の女《ひと》」。歌う小西礼子《こにしれいこ》は地元出身。

霧が流れる湊橋
漁火《いさりび》遠く夢あわい
小指からませ誓い合う
つらい別れのなみだ雨

星も見えない
ああ八戸の女

――ここにも湊橋、演歌だなあ。

「あんたどしてここに来たの？」

「ママさん八戸美人かと思って」

「ははは、はずれてゴメンね」

いえいえ当たりです。テレビはニュースだ。「選挙やるべき時でね、みんな落ちればいい」。映った田中真紀子《たなかまきこ》に「三日もたたねうちに（前言を）ひっくり返す、あれが政治家だべ」。全くその通りだ。私は機嫌がよくなってきた。

「もう一本、それと焼鳥ね」

「あいよ」

八戸の女と夜がふけてゆく。

せんべい汁は優しい

八戸に来て、横丁やら朝市やら銭湯やら、俗世間ばかりをうろうろしていた。少し気持ちを改めよう。

市の中心を離れた三八城《みやぎ》公園は初冬の気に静まりかえり、落葉が敷物のように囲む根方から、これが最後と燃え上がるが如《ごと》く全身を黄と赤に染めた銀杏と楓の大樹が立つ。大きな石灯籠《いしどうろう》に挟まれた砂利道の奥にひっそりと神社があった。向き合う狛犬《こまいぬ》は古く、義経《よしつね》北行伝説の弁慶石《べんけいいし》足型に水がたまる。

パンパン。

深々と頭をさげ柏手《かしわで》を打った。人の気配がない奥東北初冬の静かな神社に北のロマンがただよう。

さらに奥に進むと、台座を落葉が埋める中から見上げるように高い〈八戸城址碑《じょうし》〉が建つ。不勉強で八戸が城下町であることを知らなかった。石碑の細密な漢文は読むべくもないが大意は、寛文《かんぶん》四（一六六四）年将軍家綱《いえつな》は南部藩十万石のうち二万石を南部藩末弟の南部直房《なおふさ》に分け、八戸藩が誕生した。

以下小藩ながら九代を経て明治の廃藩置県までがたどられる。二代藩主・直政《なおまさ》は早くから学才の誉れ高く、将軍綱吉《つなよし》が朝鮮国王から贈られた屛風《びょうぶ》の開け方を記した謎かけ詩の解読を著名な学者に命じたが果たせずにいたのを、直政がたちどころに読み解いて開けた。感嘆した綱吉は福島五万石を与えるとしたが直政は固辞し、綱吉はその人柄を賛《たた》え皇国三鏡の一つを与えたという挿話がおもしろい。これは八戸人の気質だろうか。

さほど広くないが築山《つきやま》に池水をまわした公園は心がこもり、まだ残る芝の緑と落葉の黄・赤が鮮烈だ。鎧《よろい》に陣羽織で床几《しょうぎ》に座る初代藩主・直房の銅像は目の高さの台座に小ぶりで、勇将というよりは篤実、しかし意志のある目がいい。私はだんだん八戸の人が好きになってゆく。

公園はずれの道の石積みに、手をつなぐ男の子と女の子のレリーフをはめた〈児童安全塔〉というものがあった。

〈大正十三年五月十六日未明、八戸町に大火あり、大半が焦土と化し町民は困窮した。その影響が児童に及ぶを憂え、且つ夢と希望を与えようと、有志が集まりお話会を開いた。それから毎年、長者山《ちょうじゃさん》を会場とし夏休を利用し「森のおとぎ会」として今日まで続けてきたのである。八戸童話会は、その後童話教育に理解ある会員を糾合し、子供大会、出張童話会、子供会の育成など諸行事を開催してきた。これ偏《ひとえ》に児童の健全な育成を願う会員の……〉

子供のために「お話会」を開くというのがいい。八戸の人はなんと優しいのだろう。台石には〈あすをつくる子らのしあわせを　八戸童話会五十周年記念〉と刻まれる。手をつなぐ子が夕陽《ゆうひ》を赤く染めてゆく。私は八戸でいちばんよいものを見た気がした。

これが元祖

さて八戸も最後の夜となった。六日町交差点の「ばんや」は二十数年前、わが居酒屋研究会の東北ツアーで入って以来のなじみ。ここは顔を出さねば。

「こんちは、あれお父さんは?」

カウンターに立つのは息子さん。東京の美大出の主人・類家《るいけ》さんと私は何かと話が合うが今日はお休みだそうで、まあいいや。

地酒「豊盃《ほうはい》」のお燗がうまい。

「ナマコありますよ、横浜《よこはま》の」

夕陽をあびる児童安全塔

おおそれそれ、ナマコに勝る冬の味はなし。陸奥湾横浜町産はナマコの最高峰、来てよかった。ぬらりコリコリ。「おかわり」「好きですねえ」と笑われる。

思い返せばこの「ばんや」こそわが居酒屋行脚《あんぎや》の出発点。東北奥深くの居酒屋で知った感動だ。八戸いいなあとひとしきり昔を思いだしていたが、いけね、あそこ行かなきゃ。たぬき小路の「せっちゃん」が元祖せんべい汁用意しとくと言ってたのを思いだした。

「待ってたわよ〜」と早速とりかかる。せんべい汁はくず野菜の汁にせんべいを入れて一食にしたもので、出汁《だし》は南氷洋捕鯨船からもらった鯖缶。味は各家いろいろだが、始まりはこれと言う。せんべいは、奥羽《おうう》山脈の〈ヤマセ＝乾燥風〉風害にあった小麦粉はうどんに打てないため〈ひっつみ＝すいとん〉で食べ、それを丸く平らに焼いて簡易保存食にしたのが始まり。同じ救荒食《きゆうこうしよく》のそばは、粉を打って四角に切り〈かっけ＝汁〉にした。

常食化した今は八戸せんべい用の粉を日清製粉で作っている。鍋用せんべいは〈ちなみ＝噛《か》みごこち〉のある「たちばなせんべい店」と「在家真幸堂《ざいけしんこうどう》」が双璧で当店はたちばな。袋には「鍋料理の〈具〉専用」とある。鯖缶は「マルハさば水煮」でなきゃダメ。お母さんは具にナスを入れる。

　うどんのように茹でず、割り入れればすぐできるのがせんべい汁。湯気をあげるお椀《わん》はしめじと葱《ねぎ》、ナスは汁を黒くするので皮を剝《む》いてある。おつゆはうっすらと油玉が浮く。

「できたわよ～」

　フーフー、スー……。

　さっぱりした薄い醬油味。せんべいはもちもちと嚙み心地のあるまさにアルデンテで、ラザニアよりは厚ぼったい主食感がある。対照的にナスはよく汁を吸ってソフト。これは有り合わせ素材でなんとかおいしく食べさせようとした優しい母の味。断じてＢ級グルメなんかじゃない。

「うまいです」

　涙目で顔を上げる私にお母さんが「そうお」とにっこり笑った。

岡山

2013年1月

元気に育てよ、桃太郎

桃太郎と旧制六高生

東京からの新幹線が神戸をすぎると、お椀《わん》を伏せたような丸い小山が続く景色になった。灌木《かんぼく》ばかりがときに土肌を見せて生えるのは、とら刈り頭のようだ。信州《しんしゅう》育ちの私には、山は立ちはだかる岩壁で、いつかは越えねばならぬ父のような存在と感じていた。一方後年訪れるようになった東北の山は、低い山脈がうねうねと奥にどこまでも重なり、あの向こうで母が待ち、抱いてくれるような感情を持った。

岡山の山は子供でもすぐ登れる、牧歌的というか童話的風景。「やはり桃太郎の国だな」とひとりごつ。

駅前にはその桃太郎像が立つ。犬と猿を従え、肩に雉《きじ》、小手をかざして鬼ケ島を望むおなじみのポーズの下に幼子二人を立たせて携帯写真を撮《と》る若い夫婦がいい。元気に育てよ。

もう一つの像は弊衣破帽《へいいはぼう》、高下駄《たかげた》にマント、昂然《こうぜん》と腕を組んで肩をそびやかす六高生だ。旧制第六高等学校は明治から五十年続いて昭和二十五（一九五〇）年、学制改革で岡山大学になった。〈青春感謝　胸に無限の覇気あらば　守れ不屈の意気の香を〉。まさにバンカラ桃太郎、どちらもその覇気やよし。

春いまだしの岡山に、せめて梅の香をと求めてやってきた。胸に覇気、首にカメラ、財布に小遣いすこし。昂然と、いや、よたよたと初老男が一歩を踏み出した。

「こんちは」

「あらー、いつ来たの〜」

「今だよ」

「ご飯は大中小、味噌汁《みそしる》は豚汁・ワカメ・そうめん、お茶は熱いの冷たいの〜」

「ご飯小、味噌汁そうめん、お茶熱いの」

やって来たのは定食「橋本屋《はしもとや》」。岡山に来たらまずここ。お約束の口上がうれしい。ガラスケースには煮魚、焼魚、お浸し、煮物などいろいろ。奥から「今日ゲソ天あるよ〜」の声がかかる。取り並べたおかずは、かれい照焼、糸コンすき焼風、大根漬。ぱちんと箸を割り熱々の味噌汁をひと啜《すす》り。いい匂いがする。

「黄ニラ入ってるね」

「そうよ〜、おいしいでしょ〜」

岡山特産の黄ニラが味噌汁そうめんに風味をつけておいしい。かれい照焼は艶《つや》のある濃いたれ、温めた糸コンは肉も入り栄養的。大根漬は人気の塩麹《しおこうじ》かな。

カウンターと机のざっくばらんな店に会社員ネクタイ組、老夫婦、学生風カップル（学校はどうした！　あ、試験休みか）などなど皆手慣れて、座る前から「ご飯中、豚汁、お茶熱いの」と先に言う。人気は注文を受けて焼く〈玉子焼〉で今度頼もう。

熱いお茶を啜りお勘定。お姉さんが注文を一つずつ声に出すと、奥で復唱して計算する。

「七四〇円、太田さん今回は何〜」

「ここに来るためだよ〜」

「角野《かどの》（卓造《たくぞう》）さん二日続けて来たよ〜、太田さんも来てね〜」

「来るよ〜」

この定食屋が好きな角野さんが好きだ。おいらも明日も来よう。

さてホテルでお眠り。慌てる旅でなし、本番は夜。服を脱ぎいそいそもぐり込んだことでした。

春の色

「こんばんは」

「お待ちしてました」

岡山に来るとは即《すなわ》ち名割烹《かっぽう》居酒屋「小《お》ぐり」に来ることで、東京から予約しておいた。清潔に真新しい店の、緑の空豆を盛った木鉢を一つ象徴的に置いた白木カウンターに、楕円《だえん》の塗り折敷《おしき》が私を待つように置かれている。

熱いおしぼりを顔に当て睨《にら》むのは正面上、「割鮮」と頭書した長巻紙二メートル二段の達筆品書きだ。よこわ造り・たたき、針いか黄身醤油《きみじょうゆ》、とり貝あぶり、あわびバター焼、かもロース胡椒《こしょう》焼、貝柱かき揚、はまぐり雪鍋、からすみ大根、柳川《やながわ》鍋……。

お通しは、紺縁取りの角皿に笹《ささ》を敷いて青肌の光る〈ままかり寿司《ずし》〉と黄小鉢の〈赤貝ぬた〉。黒地にたらし銀が点々と光る別小皿は〈イワシつみれ〉と〈リーキ（西洋葱《ねぎ》）の筒煮〉。皿の肌合いと食べ物の色彩を考えた一膳に春が来ている。

小さな尻尾《しっぽ》のかわいい〈ままかり寿司〉は江戸の子肌《こはだ》とはちがう柔らかなぬる味が絶妙、地物の〈赤貝ぬた〉は甘味噌がとろりと包んで〈ぬた〉こそ春の味。赤い粒胡椒がひりりと利く〈イワシつみれ〉の噛《か》み心地は蓮根《れんこん》の刻み込み。

西洋葱もふくめすべて岡山産ばかり。「皿だけは集めたもの」で、たらし銀の小皿は有田《ありた》焼の銀彩というそうだ。

奨《すす》められた酒「十七文字　翠星盃《すいせいはい》」は、今はなくなった名酒「正義櫻《せいぎざくら》」蔵元の息子が復活をめざした入魂の限定品だそうで、すっきりとおだやかな殿様の酒。紺の梅柄瓢《ひさご》徳利《とくり》に白磁腰高の盃《さかずき》が合う。岡山は酒一筋、喜平《きへい》、萬年雪《まんねんゆき》、歓《よろこ》びの泉《いずみ》、御前酒《ごぜんしゅ》、嘉美《かみ》心《こころ》、竹林《ちくりん》などおもしろい酒があり、ここで知った「鯨正宗《くじらまさむね》」はながく愛飲している。

ああなんともいい気分。旅に出て、気心の知れた店で、名酒と名肴《めいこう》で一杯。人生これに勝るものはあろうか。全くのん気なものだがこれでいいのだ。白い調理着の主人は「美禄《びろく》 表町《おもてちょう》ころく」を経て独立。自分の城を築いた安心感がおちついた覇気に現れる。さて注文だ。

「今は、何がいいかな」

「そうですね、まず……」

瀬戸内のゲタは大きい

割烹居酒屋「小ぐり」カウンターに座り、さあ注文だ。

「今ならサワラと針イカですね」

「タコも入れて」

「はい、サワラは刺身か叩《たた》き」

「叩き、あとなまこね」

「はい」

答えて笑うのは「言うと思った」だろう。

岡山の人は東京あたりでは切身の味噌漬くらいにしか使わない春の魚「鰆《さわら》」を珍重する。針イカはコウイカの別名で淡路島《あわじしま》周辺の今が時季。下津井《しもつい》のタコは名高い。早速サワラに串を末広に打ち、皮側を炙《あぶ》りはじめた。身のソフトなサワラは私にはやや頼りなく、叩き焼切りが好みだが、地元は刺身。

焦げ皮と白ピンクの身のサワラ、半透明の厚い身が波打つ針イカ、あえて吸盤を強調したタコを囲んで、新玉葱・大葉・人参《にんじん》・赤かぶなどのつま野菜が添えられた瑠璃色《るりいろ》皿の鮮やかな美しさよ。

揚げニンニクチップをのせたサワラ叩きは、はんなりした脂をポン酢が粋にした中《ちゅう》年増《どしま》二十九歳。針イカは清らかな透明感の中に恥じらいある甘みを隠せない若姫十六歳、醤油で汚すのが申し訳ない。下津井タコはジューシーみずみずしい芳紀二十四歳、花嫁の年ごろの風呂上がり（と口に出したわけではありませんよ。味の記憶のための比喩で取材メモにこう書いてあるんですよ）。

共通するのは上品できれいな色気。生脂ぶよぶよのトロマグロを醤油にぶちこんで食べる関東の田舎《いなか》侍とはお育ちが違いまんな。

しかし！　ここに〈キンコなまこ〉登場。なまこ＝海鼠は厳寒期の今が時季。下津井周辺の小島で獲《と》れるなまこを特に珍重して〈キンコ〉と呼ぶ。年明けのなまこは腸（このわた＝海鼠腸）を抜いて売るので値段が半値。抜いた腸は〈備前《びぜん》このわた〉として東京の高級料亭にまわる。

こんどは男（いえ、なんでもありません）。ふてぶてしくぬらりと横たわる太く巨大な赤いキンコなまこにスパッと包丁を入れ「オ、入っとる」と鴇色《ときいろ》鮮やかな長い腸を、

「小ぐり」の魅惑のカウンター

手を上げするすると抜き取る。なまこと腸を和《あ》え、もみじおろしに浅葱《あさつき》ぱらり、柚子《ゆず》皮少しが、内側総金張りの小鉢に沈む豪華さよ。そろりとかきまぜて口に。

なまこが飲んでいた海水塩分のほどの良さ、ぬるコリの嚙み心地は新鮮そのものに清潔で、鋭い苦み、老獪《ろうかい》なエグみはまさに千両役者。なまこ狂の私は福岡でも青森でも感嘆したが、この〈キンコなまこ〉こそ最高峰だ。そしてそのすべてを打ち消す日本酒の一杯。

気に入ったと手元に小鉢を引き寄せ、にっこり笑うおかめの箸置きを相手に黙々となまこと盃を往復させる私を「熱心に飲む人だなー」とばかりにじっと見ていたらしい若奥様と目が合い照れ笑い。奥様はまだ女学生のように見えるが、七時になり保育園にお子さんの迎えだそうで「お先します、どうぞごゆっくり」と帰られた。

オペラアリアが

次は本日メイン注文の〈ゲタ煮〉だ。そのゲタ（舌びらめ）はとても大きい。

「大きいね」

「いや、煮るのはこの半分です」

瀬戸内のゲタは大きいそうだ。水と酒で煮る落とし蓋の雪平《ゆきひら》鍋をじっと見つめる、この道十五年、親方三十七歳の背中がいい。

届いた大皿は煮汁でしなやかになった黄ニラがたっぷり添えられる。ウド同様、暗所で光合成させない黄ニラは岡山では鍋にもてっちりにも欠かせないもので、刺すような青ニラとはちがうやわらかな香味は醬油本位の煮魚を対照的に引き立てる。しばし煮魚に専心。

さて最後。お通しの〈ままかり寿司〉が忘れられず二貫追加。志野皿に青銀の肌が濡《ぬ》れ、淡いピンクの漬け生姜《しょうが》が色を添える。

親方は手が空くと調理具や台を拭き、常に清潔に片づいている調理場が安定した仕事を物語る。カウンター後ろの一升瓶が並ぶ棚の春の生花は奥様か。

「角野（卓造）さんが二晩続けて来てくれました」

ははあ、先生の行動パターンがだいたいわかった。元グループサウンズ「ザ・タイガース」の沢田《さわだ》さん、岸部《きしべ》さん、瞳《ひとみ》さんも三人で来店しゆっくりされたそうで、よい年齢になり一杯やっている姿は同時代人としてうれしい気持ちだ。何もかも完璧、来た甲斐《かい》があった。出る時に聞いた。

「ほかに岡山のいい店は？」

うーん、とながく考え込んだ。これはしまった、同業者に気軽に聞いてよいことではなかったか。

「おでんの〇家《まるや》はご存じですか」

「うん、知ってる」

おでんは「〇家」派と「た古万《こまん》」派がある。それと「成田家《なりたや》」の鳥酢と湯豆腐。憶《おぼ》えました。どうもありがとう。

ほろ酔いの外気に春風を感じる。ここオランダ通りの一筋隣の表《おもて》町《ちょう》に「小ぐり」の以前の店があった。その帰りに筋向かいのバー「忘《わす》れ貝《がい》」に入ったのを忘れない（しゃれました）。年齢を感じさせず颯爽《さっそう》とシェイカーを振る美人ママさんはお元気かな。おなじみの黄色看板は明かりがつきカウンターバーのドアも開くが、呼べど叫べど返事がない。物騒でないかなと思いつつ明日来よう。

その先のドイツ山荘風の構えの「ＷＩＮＥ　ＨＯＵＳＥ　ＨÜＴＴＥ　ＳＩＮＣＥ　１９９５」が開いている。ここは気になっていた。よい機会だ、入ってみよう。

「こんばんは」

「いらっしゃいませ」

迎えたのは年配のご婦人一人。客はなく、静かにオペラアリアが流れる。私はコートを脱いで洋服掛けに提げ、ゆっくりとカウンターに座った。

朝の路面電車に乗って

岡山最初の夜に入った「WINE HOUSE HÜTTE」は煉瓦《れんが》敷きの床、粗い白壁に木の柱、片流れ天井のドイツ山荘風で明かりは柔らかなランプ電球、椅子は緑ビロード金鋲《きんびょう》打ち、カウンターは寄せ木だ。ストーブの近くが暖かいですよと奨められ黄色の小花が飾られる。

「オンジウム、ランの一種です」

一人で聴いていたらしいオペラアリアを、来客でジャズに変えたがアリアの方がいいな。棚にはきちんとした酒が並ぶ。

「……カクテルはできますか」

「はい、スタンダードなら」

「ではマンハッタンを」

「ウイスキーは何にしましょう」

普段お使いのでと言ったが何か注文してほしそうだ。それなら、「ライウイスキーはありますか」

「はい」莞爾《かんじ》とほほ笑んで後ろの一瓶に手を伸ばした。カクテルの女王・マンハッタンはライ麦ウイスキーが通とされる。その「オールド・オーヴァーホルト」を使い、赤いチェリーを沈めたカクテルグラスを、いつもの癖でやや上げてしばし眺め、口に含んだ。

書斎風のおちついた室内のカウンター端に異彩を放つ大きな静物画の、白い燭台《しょくだい》を枯れたヒマワリが囲む孤独感のあるタッチはランボーの詩が合いそうだ。

「アルメニア出身、ジャン・ジャンセンのエッチングです」

ジャンセンの本物を見るのは初めてだ。もう一つの小品も同じで、版画はわりあい安く手に入るので買ったとか。二階もあると聞き見に行くと、檜皮葺《ひわだぶ》きの舟底天井、ソファが囲むくつろいだサロンで山の絵がいくつも飾られる。

ここは軍医だった父の没後に母が始め、継いだ私の方が長くなったと言う、断髪にたっぷり襟の黒セーター、高齢の芥川《あくたがわ》賞受賞者にも似るママさんともう少し話したい。

「ホットバタードラムを」

「すみませんバターがなくて」

かわりに作ったラムのお湯割りは、銀皿に白レースの紙を敷き、湯気をあげるハンドルつきグラスを置いたいかにも文学少女好み。黒ライ麦のドイツパンに緑の貝割れ、リンゴにサワークリームをはさんで胡椒を振ったお通しがよく合う。ヒュッテは山小舎《やまごや》のことだ。

「ユングフラウに登ったのが思い出ね」

「へー、ぼくはアイガーだな」

静かな岡山の夜に山好きの話がはずんだ。

軸「洗心」

一夜あけて冬晴れの青空だ。よく眠ったがまだ朝八時。

「起きた～ん」

甘い声は定食「橋本屋」のお姉さん。朝六時からやってるから来てねと言われていた。オブコース、ホテルをここにとったのは橋本屋に歩いて行けるから。温かい〈みそにゅうめん〉は黄ニラ・ワカメ・おぼろ昆布《こんぶ》に「天かす入れといたよ～」がうれしい。

フーフー、ちゅるる……。

寒い朝に最高だ。

夜業を終えたらしい女性もふくむ若いの四人はオツカレの朝ビール。これから仕入れに出るらしいゴム長の男。朝食はここと決めた老人は新聞持参。店のお姉さんはお客が来るのがうれしくてたまらないようで、膝を落とし、両手を後ろにペンギンのようにバタバタさせ「いらっしゃい、何にする？」と声をかける。

「太田さん、二日続けて来てくれたね〜」

「明日も来るよ〜」

厨房《ちゆうぼう》のご主人がやりとりをにやにや聞いている。橋本さんだから橋本屋。「何の芸もないです」と笑った。寅《とら》さんがここを通れば必ず入るにちがいない。

行ってくるよ〜、行ってらっしゃい、と店を出たが、さて私はどこに行くのだろう。ま、気分は寅次郎。岡山は路面電車が走っている。終点まで乗ってみるか。

「東山《ひがしやま》」で降りた山陽《さんよう》女子中学校高等学校の開いた正門は〈入学試験〉の大貼り紙。緊張した空気の校舎前庭に若いお母さんが一人、祈るように二階教室を見ている。

構内掲示板に賞状や優勝盾を手にした女生徒の写真が並ぶ。第二十四回芭蕉蛤塚忌《ばしようこうちようき》全国俳句大会芭蕉賞・昼田さんの句〈蟬《せみ》の声やがてバッハの曲になる〉。中学の部佳作・佐々木さん〈梅雨よ来いあのかさはやく使いたい〉。岡山市中学校弁論大会山陽新聞社社長賞・上浦さん、ノートルダム清心《せいしん》女子大学スピーチコンテスト特別賞・日笠さ

「橋本屋」の気さくなごきょうだい

ん、山陽学生音楽コンクール中学校管楽器部門金管第一位・森川さん、木管第一位・道満さん、U16ジュニアユースホッケー日本代表チーム選出・沖原さん、などなどはち切れんばかりの笑顔がすばらしい。入試を突破し、ぜひこの列に加わらんことを。

通り先の小路、腰板塀で囲まれた屋敷「東湖園《とうこえん》」は岡山藩主・池田忠雄《いけだただかつ》遊息の庭園。池を渡った離れ茶屋でお茶をいただけるそうで訪《おとな》いを入れ、履物を脱いだ。

三畳の閑寂な釣殿風茶室の障子を開けると、一面に結氷した池に反射する朝陽《あさひ》がまぶしい。渡る風は冷たいがこれはかえって風流だ。炉前には「洗心」の軸。

浮かぶ得月古茶室よ
障子に映える水の在様
小鳥さえずる東湖園
霞《かすみ》か雲か色茜《いろあかね》
岡山城主の下屋敷東湖園

作詞・松山達美《まつやまたつみ》／作曲・藤山一郎《ふじやまいちろう》「東湖園の歌」のままの風景を眺めていると「いらっしゃいませ」と女性が三つ指をつき、寅次郎は神妙に一服いただいたことでした。

ふなめし、かきそば、鳥酢

市を南北に流れる旭川《あさひがわ》に沿い、岡山城に向かって歩きはじめた。旅先では歩くに限る、健康にもよい。

起点「京橋《きょうばし》」の創架は江戸期、現在の橋は大正六（一九一七）年。優美な曲線の石装飾が長く伸びる橋詰に岡山市道路元標が立つ。古来水運拠点として市が立ち、今も日曜市が盛んと聞く。そこから土手の敷石道は一望に広い旭川に沿い、晴れわたる冬の青天にタイツ姿のランナーが追い抜いてゆく。

句碑〈真《ま》すぐに物の見え来ぬ夏燕《なつつばめ》〉作者・角南星燈《すなみせいとう》は岡山の人。同じく〈生きて仰ぐ空の高さよ赤蜻蛉《あかとんぼ》〉は夏目漱石《なつめそうせき》で、明治二十五年、大学夏休みに松山に帰省する正岡子規とともに関西方面を旅し、岡山にひと月滞在したとある。句は後年、修善寺《しゅぜんじ》療養中の作。石碑の上に居眠りする子猫のブロンズを置いたのがご愛嬌《あいきょう》だ。

〈世界で始めて空を飛んだ　表具師幸吉《こうきち》之碑〉は〈備前岡山の表具師・浮田《うきた》幸吉は鳥の

ように自由に空を飛べたらと考え、鳩《はと》の体重と翼の大きさの割合を人間にあてはめて大きな羽翼を作り、からだにくくりつけて京橋の上から旭川の河原に飛行することに成功しました。天明《てんめい》五（一七八五）年幸吉二十九歳の時で、米國《べいこく》のライト兄弟より一一〇年以上も前のことです〉。最後の〈青少年よ夢をもて〉はひときわ大きい。これを嵐寛《あらしかん》寿郎《じゅうろう》主演で映画化した『鳥人』（丸根賛太郎《まるねさんたろう》監督・一九四〇年）を昔ビデオで見たが牧歌的な作品だった。

鉄塔〈登録文化財　京橋火の見櫓《やぐら》〉は〈大正十三年、よろず屋「万納屋《まんのうや》」こと坪田利《つぼたり》吉《きち》は岡山市内を大八車で行商に励み、私財を投じて火の見櫓を寄贈した。その数十二基、現存四基、京橋が最大。爾来《じらい》八十年、火災や水害、岡山空襲などに急を知らせ……〉。ユニークな義人が岡山にいる。

男木、女木が並ぶ〈愛染《あいぜん》の樹《き》〉は意中の人を念じて回る縁結びの木。この木が桂《かつら》なら〈愛染かつら〉だな。一九三八年、田中絹代《たなかきぬよ》・上原謙《うえはらけん》で映画化された『愛染かつら』はすれ違いメロドラマとして大ヒット。……もういいか。やがて高い生垣になり、城に近づいてきた。

岡山城は天正《てんしょう》元（一五七三）年、宇喜多直家《うきたなおいえ》が旧来の石山城を奪取して大改修し、城下町の基礎を作った。その子・秀家《ひでいえ》は秀吉の天下取りに戦功高く、やがて大大名に列

すばらしい水の城、岡山城の遠景

せられ、秀吉の意見により本丸を移して城郭の拡張整備を始め、慶長二（一五九七）年、天守閣を築いた。

間近に見る三層六階は大きな千鳥破風《ちどりはふ》、唐《から》破風を置いて複雑に入り組み雄大だ。「烏《う》城《じょう》」とも呼ばれた国宝だったが昭和二十年の市街地空襲で焼失。戦後、外観は旧来にコンクリートで再建された。

ここから月見橋を渡った先が名園・後楽園《こうらくえん》だ。向こうたもとの「城見茶屋」でひと休みしよう。

ひなびた食事処《どころ》はおでんのいい匂いがただよう。昼飯にするか。〈ふなめし　二月まで〉は、寒鮒《かんぶな》をミンチに叩き、しいたけ・油揚・人参などと軽く炒《いた》めて熱い汁をかける汁かけ飯で、生粋の郷土家庭料理という。これだこれだ、だが「すみません、今日はないのよ」と片手で拝む。今夜仕込むので明日はできます、か。うーむ残念。

「じゃ、かきそば」

「はい」

小道をはさんで広い旭川に張り出した離れの目前、川が大きく「く」の字に曲がる角に建つ岡山城の美しさ！　高空を背に石垣下の悠々たる流れに映す城影は、優美そのものので、自然の川を濠《ほり》にした築城の妙はまさに「水城」だ。「今は満ち潮じゃのう」老客の独り言は旭川の水位のことか。

「おまちどおさま」

もうれつに湯気をあげるかきそばに浮くぷっくり白い牡蠣《かき》を、散らした葱の青が引き立てる。

「これはどこの牡蠣ですか?」

「牛窓《うしまど》です」

岡山は広島、宮城に次いで牡蠣生産量日本三位。牛窓、日生《ひなせ》、邑久町《おくちょう》虫明《むしあけ》などの牡蠣は有名だ。

アー……。汁一滴のこさず、空の丼をおしいただいて完食。言うことなしでした。

義理・人情・愛

割烹居酒屋「小ぐり」で教わった居酒屋「成田家」は、岡山でここを知らなければモグリという大衆居酒屋チェーンで、町のいたるところに看板があった。入ったのは〈うまく　早く　感じよく　なおかつ安く〉と大書した「成田家総本店」。壁を品書きが埋める典型的な大衆居酒屋だ。品書きに誇り高く〈成田家名物〉と頭書される〈湯豆腐二二〇円〉は青葱と鰹節《かつおぶし》に、小苦くややヒリヒリするたっぷりの汁がうまい。〈鳥酢一九〇円〉はシラタキに蒸し鶏《どり》ほぐしと青葱と辛子《からし》。エイヤとかきまぜるとほどよい酸味辛味にシラタキがトコロテンのような食感で、これはよく考えられた料理だ。さらに辛子《からし》明太子《めんたいこ》の入る〈ピリ辛湯豆腐三九〇円〉、〈鳥酢トロロ入り三二〇円〉もある。黄ニラ卵とじ、サワラ刺があるのはやはり岡山。酒は地酒「加茂五葉《かもいつは》」。

壁の「祝・成田家創業50年」ポスターは〈成田家精神　義理・人情・愛〉ときっぱり。カウンター端には常連とおぼしき身なり良い中高年勤め人三人が、オレたちはここがいいんだと愉快そうで、店の信用を物語る。

白髪主人を中心に黄色Tシャツのバイト君たち。小さく流れ続ける演歌。これぞわれらが居酒屋か。〈政府登録　備前成田家〉箸袋の裏にある系列店は二十六。岡山がおもしろくなってきた。

お点前とおでん

水戸《みと》偕楽園《かいらくえん》、金沢兼六園《かなざわけんろくえん》と並ぶご存じ日本三名園の一つ岡山後楽園は、岡山藩主・池田綱政《つなまさ》により着工、元禄《げんろく》十三（一七〇〇）年に最初の完成、その後も藩主の好みで手を加えられつつ現代に伝わっている。岡山城後ろの園で後園と呼ばれていたが、明治四年「先憂後楽」の精神により後楽園の名になった。

岡山城裾の月見橋を渡り、南門から園内へ。大小の池を囲んで広大な芝生が広がり、高い梢《こずえ》は遠くの囲みに並ぶ。各地でいくつかの庭園を見たが、多くは池、石、植木、小橋などを巧妙に組み合わせた工芸品の趣だった。ここは西洋庭園的な広々とした開放感が特徴で、ちまちました石灯籠《いしどうろう》などは似合わない。池にはいくつかの島を置き、廉池《れんち》軒《けん》・延養亭《えんようてい》の広壮な亭舎、慈眼堂《じげんどう》・茶祖堂《ちゃそどう》・弁財天堂《べんざいてんどう》の御堂、さらに梅林・桜林はもとより、茶畑、井田《せいでん》（田畑）、能舞台、馬場・弓場、そのための観騎亭・観射亭、鶴舎《つるや》（今も丹頂鶴がいる）、舟で来る御舟入《おふないり》まで設けた、まさに人工の理想郷だ。

小春日和《びより》の日射しに人々は歩に合わせて変わりゆく風景を楽しんでいる。池端の築山《つきやま》はこの広さを高くから見たいと後に築いたそうで、その気持ちはわかる。一角に池田綱政より造園を命じられた家臣〈津田永忠遺績碑《つだながただいせきのひ》〉が建つ。いわく、〈旧封備前に過《よぎ》り、風土文物を覧《み》る毎に、未《いま》だ嘗《かつ》て熊沢伯継《くまざわしげつぐ》・津田永忠の我が家に功績有るを想見せずんばあらざるなり……長隄《ちょうてい》数里に亘《わた》り、平田数万頃《けい》、茫々《ぼうぼう》として天に連なり、其《そ》の土肥え、其の稼《か》豊かに、其の民殷富《いんぷ》なり。因《よ》りて憶ふ、二百有余年の前、此《こ》の茫々《ぼうぼう》たる者は、蒹葭《けんか》の叢生《そうせい》する所、魚鼈《ぎょべつ》の群雄する所、今変じて鶏鳴狗吠《けいめいくはい》相聞ゆるの境と為《な》る者は、果して誰の功ぞや、と。駕《が》進みて岡山学校に幸し、後楽園に駐《とど》まること三日、茂樹嘉葩《かは》あり、怪巖《かいがん》奇石あり、鶴舞ひ魚躍れる庭園泉池の設は、最も天顔を怡《よろこ》ばす……講堂・聖廟《せいびょう》、巍然《ぎぜん》として澗松万翠《かんしょうばんすい》の中に聳《そび》え、咿唔《いご》の音、水声鳥語と相和す。而《しか》して之《これ》を経営せる者は、其れ復《また》誰ぞや。皆永忠の功業に非《あら》ざるは莫《な》きなり……〉

このごろ、ウンウンうなりながらも文語文を読むのが趣味になった。詳細な読み下しは、意するところを的確に格調高く、文のうねりが音楽的感興をおこす。篆額《てんがく》、撰文《せんぶん》、書に続く石匠・備中藤田市太郎《びっちゅうふじたいちたろう》／碑石・讃岐庵治石《さぬきあじいし》／台石・備中無口島《むくちじま》産がいい。石匠もわが仕事に満足であったろう。

大きな「沢の池」に小橋で渡る「中の島」の「島茶屋」は〈抹茶八〇〇円〉でお点前《てまえ》

元首相作の茶碗で一服

をいただける。一服しよう。四畳半離れの緋毛氈《ひもうせん》に開け放ったぬれ縁から眺める池は、春風のさざ波が松の緑に光を映す。〈本日のお茶碗《ちゃわん》　備前焼人間国宝・伊勢崎淳《いせざきじゅん》／粉引《こひき》茶碗　不東庵・細川護熙《ほそかわもりひろ》〉から選んだ元首相作陶は三角広口の井戸茶碗、手にぽってりと気品がありました。

スジ十本

岡山おでんは「〇家」派と「た古万」派があると聞いた。電車通りに面した〇家は昭和二十三年創業。昔一度入り今回二度め。檜皮《ひわだ》と篠竹《しのだけ》の天井、鋲打ちの板壁、カウンター、座の大きな木の丸椅子などすべてがおでんつゆで煮染《にし》めたように茶色に染まり、理想のおでん屋だ。〈豆腐〉〈平天〉に季節ものの〈かき〉は串刺し。牛スジのコクのきいた濃い出汁《だし》は味に艶がある。見せてもらった〈ニシ貝〉の貝殻の中は色っぽいピンク色だ。〈まるくとも一角ありし〇家かな　為十周年〉の古い額は、屋号筆字の〇は最後がつながっていない「完全はない」の形で、正〇はゼロに通じると避けた。

二代目老主人とおかみさんは阿吽《あうん》の呼吸。名物〈二コ玉子〉は黄身が二つ入るめでたい玉子のこと。玉子屋さんが選んで持ってくるが今日はないのよと残念そうだ。ネクタイ・スーツにきちんと身を固めた男盛り三人がとてもうれしそうに入ってきて、皿を手にものも言わずに食べている。男はおでんが好きだなあ。

初めて入る「た古万」は路地角の暖簾《のれん》に灯がもれる。こちらも煮染めたような店内、長いカウンターに〈名代　関東煮〉の額。ほぼ満員ながら静かなのは皆ここの空気に浸っているからだろう。太い大根半分は縦に立ち、薄揚げには青葱ぱらり、おつゆの色は薄く優しい味だ。〈かき〉は生を網ざるで軽く茹《ゆ》でてからおでん槽で煮て、蛸《たこ》唐草茶碗におつゆも合わせ入れ、柚子皮をのせた別製だ。刺身もあり、包丁を持つ白衣主人は愛《あい》嬌《きょう》のある顔が実直、おかみは色気のある美人。ちょっと話したいな。

「おでん、おいしいですね」

「もう四十年もやっていて、いつもと同じなんですけどね」

いつもと同じゆえに客が来る。待つ女性に遅れてきた恰幅《かっぷく》よい人は常連らしく、「ワシはもう決めとる、スジ十本」。冗談と思ったが最初に一皿六本、さらに四本をぺろりと平らげた。「何でも食べな」と言われた女性はいろいろ盛りでうれしそうだ。がらがらと入ってきた働き盛りの背広三人が「おお、ぎりちょん」と空いた三席を喜ぶ。

ボーン、ボーン……。柱時計が七つ鳴った。岡山がおでんの町とは知らなかった。なじみのおでん屋のある町はいい町だ。岡山いいなあ。

海辺の忘れ貝

定食「橋本屋」の黒猫は定椅子に座布団つきだが、いない時もあり「猫ちゃんおらんの？」と客が聞く。いると「クロちゃ〜ん」と文字通り猫なで声をかけるが眠った日は開けない。今朝の私は、ご飯小・味噌汁そうめん・納豆に熱々の〈葱入り玉子焼〉が絶品。これで三日間毎朝来た。

晴れた青空が気持ちよい。今日は市内も歩いてみよう。橋本屋を出た電車通りの看板「広島東洋カープ岡山県中央後援会事務局」の下は「居酒屋大蔵省」、奥は「カラオケスナック通産省」。カープ応援歌が鳴り響くのか。「岡弥舞探偵事務所」の岡弥舞のルビは〈おかやま〉ではなく〈おかひろむ〉。「酒処《さけどころ》 鳥々《ちょうちょう》婦人《ふじん》」は焼鳥だな。向かいのラーメン屋「餃子《ぎょうざ》・拉麺《ラーメン》博物館」の〈中華千年佳品香　岡山独我一家楽〉が決意の表れか。きょろきょろしていてはいつまでも進まなく路面電車に乗った。

降りたところはその名も「岡山禁酒會館《かいかん》」。おっ母《か》ぁがあの世から「カズヒコ、ぜひ入りなさい」と言っている。三角屋根上部を横に切ったサラセン式三階建ては大正十二年築の登録有形文化財。

禁酒會館とは何か。木造洋館の細階段二階に資料が並べてある。〈我國《わがくに》の禁酒運動も近年大《おおい》に其の面目を異にし来たり従来の如《ごと》く一派の宗教に偏したる、若《も》しくは一部少数者の禁欲的生活を主潮としたる偏狭なる個人的運動の境域を脱して、或《ある》いは国民衛生の上に立脚、或いは能率問題、食料問題、労働問題等、或いは優種學《ゆうしゅがく》上の見地よりする大國民運動として、正に社會《しゃかい》改造の根基とも稱《しょう》すべき、極めて重要なる意義を有するに至る候折柄……〉

うう、言葉に酔いそうだ、これは恐ろしいところだ。文末は〈大正十一年七月　禁酒會館創立委員長　綱島長次郎〉。きっと祝賀会はお茶だったんだろうナ。続く祝辞〈本日茲《ここ》ニ日本國民禁酒同盟第十九回大會《たいかい》ノ挙行セラルルニ当リ一言祝意ヲ〉と続く公爵近衛文麿《このえふみまろ》の自筆原稿は〈本同盟所期ノ成果達成ニ努メ　以《もっ》テ皇国ノ隆昌ニ寄与スル處《ところ》アランコトヲ……〉と結ばれる。身をすくめてのぞいたホールには〈廃酒報国〉の大額。来館者芳名帳もあるが遠慮し、とぼとぼと階段を下った。

一階は天井の高いレトロなカフェ。古風な長い白割烹着にピンクのニット帽が似合うお母さんは、この岡山モダニズムの建物が気に入って写真を撮っている女性カメラマンのモデルにもなり、すてきな白黒写真が飾られる。

「コーヒーはできますか？」

「あと十分で息子が来ますので」

隅で売るお母さん手編み手提げ袋は色合いがとてもきれいだ。やって来た息子さんは黒のソフト帽に濃紫のジャンパー、岡山出身・竹久夢二の絵に出てきそうな夢見る詩人タイプの青年。昔から売店でパン、食堂でカレーを出し、岡山初の洋食は大評判となった。銀皿のカレーは酸味のあるスパイシーでおいしかった。

ノスタルジック岡山

県庁通りから西へ曲がった音楽喫茶「東京」はレジ脇に本格レコードプレイヤー、店内にはLPレコードや古いアンプを飾り、奥左右の巨大スピーカーは公会堂で使っていたヤマハ。二階は昭和三十四年に三十六台生産のうちの六台を所有する「ビクター・オーディオラ」で席がそちらを向く。昭和三十三年に開店し、岡山大の学生がよくクラシックを聴きに来た。今も続く毎月一回のLPレコード鑑賞会は盤持参の人もいるそうで、私も愛蔵版をこのスピーカーで聴いてみたい。「中南米音楽同好会」「歌声喫茶」のポス

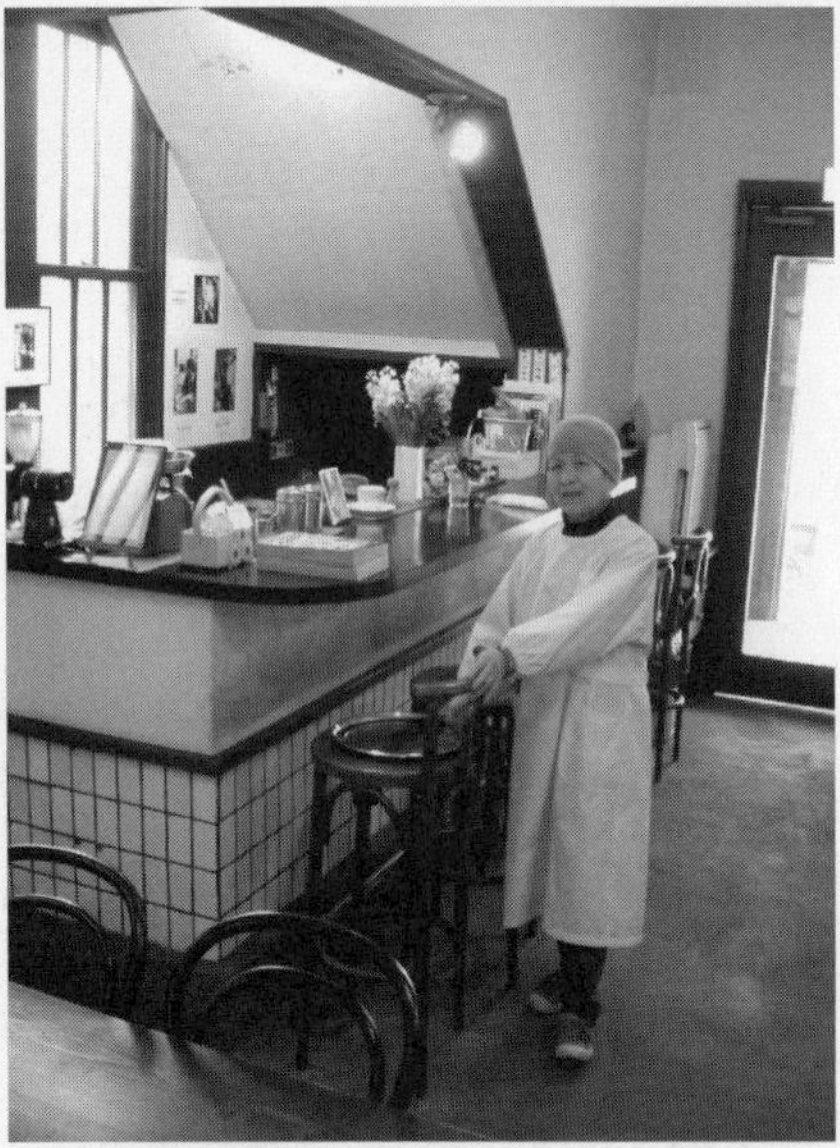

禁酒會館のすてきなカフェに酒はない

ターも貼られ、岡山の音楽好きが集まっている。

名曲を聴きながらのコーヒーがおいしい。岡山にはどこかノスタルジックなモダニズムと都会的なスマートさがある。我々世代のおしゃれの原点、メンズウエア「VAN」の創始者・石津謙介《いしづけんすけ》は岡山市出身、戦前の香港《ホンコン》で洋服を学んだ。日本唯一のVAN全製品公式店もあり、昔ここで買ったウインドブレーカーは今も手離せない。

岡山に来た日から連日、岡山で一番古いバー「忘れ貝」をのぞいているけれど、一昨日は開いていたが返事がない、昨日は休みだった。今夜が最後だ。

「あらー、いらっしゃい！」

「やってるじゃん！」

外国映画なら抱き合うところだがそうもゆかない。でもそうしたくなるママさんは「山本富士子《やまもとふじこ》と同じ歳《とし》なのよ」と照れる美人にして現役女性バーテンダー。壁には「国際バーテンダー協会特別功労賞」表彰状。「第2回岡山マスターズ・スイミングフェスティバル優勝」もある。

「泳ぎは？」

「バック」

背泳は女子水泳でいちばんきれいだ、見たかったなあ。昭和三十九年、夫婦で始めたバーが十年たち「君はもう自分でできる」とご主人は水泳プロコーチに専念した。素敵な店名は図鑑からつけたが、後年天満屋《てんまや》で開かれた貝の展覧会で美しい本物を見て安心したそうだ。岡山医大の先生がよい補聴器を作ってくれ話もはずみますとますますお元気に口跡明朗。

「さ、何をつくりましょう」

「サイドカーを願います」

「はい」颯爽とシェイカーに手を伸ばした。短冊はご主人の作。

〈清らかな海辺にひとつ忘れ貝〉

岡山はとても良い所だった。私も岡山の忘れ貝を忘れない。

勝浦

2013年3月

列車は進むよ、ゴトゴトと

鉄道旅をやってみた

鉄ちゃんブーム。春をもとめて房総《ぼうそう》鉄道旅といこう。

東京駅発午前九時「特急わかしお」の座席指定チケットを買った。が、乗り場がわからない。掲示を見ても何線か知らない。駅員に聞こう。しかしあたりに駅員は見あたらなく、案内所もなく、広大な東京駅構内に立ち尽くす。それではと勝手知ったる新幹線改札まで歩き、若い女性駅員に尋ねた。

「はい、それは京葉《けいよう》線で、乗り場はあちらです」

その地下へ下りるエスカレーターはものすごく長く、途中で乗り換えてさらに深く下りる。これが大深度か。ようやく地下通路に来たけれど〈改札まで800メートル〉の表示。発車まであと十五分、間に合うと思うが動く歩道に乗らず、側道をやや小走りに。中高年旅は時間に余裕を持ってと早めに来て良かった。ようやく京葉線改札を通り、さらにエスカレーターでホームに下りた。

しかしどことなく雰囲気がちがう。第一、列車の表示がない。もしかしてこれは通勤線ホームではないだろうか。あわてるな、おちつけ、駅員に聞きたいが長いホームに制服姿は一人もいない。仕方がない、売店だ。

「ここではないです、いったん上がって隣のホームです」

ありがとうもあらばこそ、エスカレーターを駆け上がり、隣ホームへ駆け下りると〈特急わかしお　9：00発〉の電光掲示板。間違いない。予想と反対方向から対面座席の列車が入ってきて客は全員降り、交替に乗り込むと車内清掃の方が「まだ乗れません」と言う。ああ始発なんだ。うなだれてまた降りる。清掃が終わって開いたドアからようやくわが指定席にたどり着いた。やれやれ、旅慣れないとこれだ。調べておくべきだった。でもどうやって。

暗い地下を抜け出て地上の風景を見ると出発した実感がわいた。電車で千葉方面に行くことは少なく、大きな団地が建ち並ぶ風景が新鮮だ。東京スカイツリーはすでに後方らしい。

——春、千葉房総のひなびた地元居酒屋でのんびり一杯やろう。店はしゃれてなくていい。今ならカツオだな、有名な朝市ものぞいてみよう。第一、潮の香りを久しくかいでいない。あわてた旅立ちだったが出発すれば笑い話だ、ムニャムニャ……。

小湊鐵道キハ200

「蘇我《そが》ぁ、蘇我ぁ、内房《うちぼう》線はお乗り換えです」

おっとといけね。ＪＲ内房線は東京湾を房総半島に沿って南下、外房《そとぼう》線わかしおは内陸を東へまっすぐ行き外海に出るが、今回は内陸の小線、小湊鐵道《こみなとてつどう》といすみ鉄道を乗り継いで半島を横断、外房勝浦《かつうら》へ向かう計画だ。

蘇我四分乗り換えで内房線浜野《はまの》、八幡宿《やわたじゆく》と過ぎ、小湊鐵道始発の五井《ごい》で降りた。ムニャムニャ寝てたが案外あわただしいな。ここからは別切符。小湊鐵道の終点は上総中野《かずさなかの》、そこからはいすみ鉄道に乗り換える。

「小湊鐵道終点まで行きたいんですが、次は何時ですか？」

「十二時三十二分です」

ええ！　今まだ九時四十九分。二時間四十三分も待つのか。早い発車もあるが途中までで、そこで待つから結局同じと言う。

突然、五井という何も知らない駅にしばらく居ることになった。でもこれが旅のおもしろさかもしれない。

駅前には〈「更級日記《さらしな》」旅立ちのまちへようこそ　市原市《いちはら》〉の看板が立つ。平安文学の名作「更級日記」は上総の国府に任官していた菅原孝標女《すがわらのたかすえのむすめ》が父と京へ帰る道すがら書いたと古文で教わったが、不勉強で読んではいない。これも何かの縁、すこし町を見てみよう。

見てみたが、樽酒《たるざけ》「ときた」、刺身くし焼「久松《ひさまつ》」、やきとりおでん西口大衆酒場「五井商店」、ど大衆海鮮七輪焼「丸ト水産」、地域再上質宣言ハイエストクラブ「TAIGA」、今宵はとびきりゴージャスにパブクラブ「マーメイド」四〇〇〇円飲み放題。当たり前だがどこもやっていない。桜の咲く小公園にブランコもあるけれどそこにじっと座っているのもなんだか。全身ほぐし処《どころ》「ゆるり」フットマッサージ三十分一九八〇円もあるが。

駅前に戻るとドトールコーヒーが開いていた。やれうれしや。

「カプチーノとミラノサンドA」

ふう、朝のカプチーノがおいしい。時間はたっぷりある。旅の予定を立て直そう。上総中野で十八分待っていすみ鉄道に乗り、大多喜《おおたき》で途中下車して古い町並みを歩き、三時三十四分に乗って終点大原《おおはら》に四時二分着、そこからJR三つ目の勝浦へ着くと五時だな。午前九時に出たのに思わぬ大旅行になった。

小湊鐵道のレトロなオレンジとベージュのツートーン列車〈キハ200〉は国鉄時代の名車キハ20を基本として設計された、鉄道ファンには人気車両なのだそうだ。時間がきてゴトリと発車した。もういい、もう列車まかせ。

やがて開けてきた風景の菜の花の見事さよ！

黄色の帯が二本のレールを挟んでどこまでも続き、満開の桜が芸妓《げいぎ》が迎えるように両側に並ぶ。あの間を行くのだ。

下萌《したも》えの緑は色鮮やかに、黄色・ピンク・緑が夢幻的だ。春の土おこしを終えた田は水が張られて青空を映す。沿線あちこちに鉄道写真マニアが、菜の花に女性モデルを立たす本格派もいて手を振る。田の間の道を野球ユニフォームの春休みの中学生三人が自転車で行く。

列車は一車両のみ。架線のないディーゼルが土の上をゴトゴト音も軽快にぐんぐん進む気持ちよさ。「ナントカよし！」「ナントカ進行！」運転手の声が頼もしい。

房総、小江戸の春

五井駅から乗った小湊鐵道キハ200の一両車両は快調に速度を上げる。運転席横に立つとぐんぐん景色がやってきて、前方踏切には「トルー」と警笛を鳴らす。車内は男性運転士と制帽後ろにポニーテールを下げた女性車掌。駅名を伝えるアナウンスは肉声で録音テープではない、人が働いている温かみがある。車内の切符切りは昔ながらの改札パンチだ。

黄色の菜の花、うすピンクの桜、濃ピンクの桃、白い梨、朱赤の木瓜《ぼけ》、濃黄の連翹《れんぎょう》、緑の若草には水仙にタンポポ、畑にはじゃがいもの白い花。鉄路両側の輝くような春の田園の美しさ。「海士有木《あまありき》」「馬立《うまたて》」という駅はとりわけ桜が豊麗で過ぎ去るのが惜しい。沿線の農家はみな大きく、房総の豊かな土地を感じる。

やがて終点「上総中野」着。この先はいすみ鉄道に乗り換えで、次の始発まで十八分。思わぬ途中下車だがわるくない。

一同、荷物を手にぞろぞろ降りた小さな待合所は改札もなく、ホームに三々五々、温かい春の陽射《ひざ》しを浴びる。小さな子供連れハイキング親子が多いのは春休みか。年配男はしゃがんで、あるいは線路に入り車両撮影のアングル探しだ。地元のおじさんが盆で配る無料の紙コップは梅昆布茶《うめこぶちゃ》でおいしい。立ったままお茶をすする女性車掌さんに声をかけてみた。

「お若いのにご苦労様ですね」

「いえ、もう十年もやってます」

この鉄道は春の今がいちばん乗客が多く自分も楽しいと笑う。この仕事が好きなのだろう。いすみ鉄道の車両が来て、そちらの客は小湊鐵道へ。二線の乗客交換が終わり、それぞれ発車した。

先祖は紀州

上総中野から六つめの大多喜は〈房総の小江戸〉と呼ばれた城下町で古い町並みが残るという。途中下車してみよう。次の列車までおよそ一時間。乗り遅れると勝浦到着は夜になる。

のどかな春の上総中野駅。車両はキハ200

タクシーを待たせて上る小高い丘の道は、名残の桜の大樹に湿った土の匂いがする。頂上の大多喜城は白壁三層天守。初代城主・本多忠勝《ほんだただかつ》は関ヶ原《せきがはら》合戦など五十七回もの戦いにかすり傷ひとつ負わず、徳川四天王の一人と言われた勇将で、NHK大河ドラマ誘致の紫の旗があちこちに立つ。

見下ろすのは大多喜の町だ。下の高校のうらやましいほど広いグラウンドから野球のシートノックの音が聞こえる。今は春休み、練習もどこかのどかだ。

夷隅川《いすみがわ》と、川魚を捕るのを禁じてその名がついた御禁止川《おとめがわ》にはさまれた大多喜の町は江戸期より商業で繁栄し、瓦屋根木造総二階の商家がいくつも残る。蔵造りの「商い資料館」は大番頭の座る帳場格子に長火鉢、階段箪笥《だんす》で座売り商家を再現。二階は小銭や千両箱、計量秤《ばかり》、職人道具などの展示で、和とじ「印判明細帳」は〈自　明治四十三年三月　此帳保存期限　明治五十三年十二月　阿部芳蔵〉と墨書。ゆかりの文人紹介もある。

戯作者・十返舎一九《じっぺんしゃいっく》は文政《ぶんせい》六（一八二三）年房総を行脚《あんぎゃ》。大多喜に一泊して『房総道中記』に著した。

〈此宿にとまりけるに、宿屋に婆々《ばば》やかましく、鉄砲風呂のたきやうおそきとて、小言いふをきゝて「恐しや鉄砲ぶろのこゞととてばゞあのこえのみゝをつらぬく」〉

風呂焚《た》き婆《ばば》の声が鉄砲のように耳を貫いたらしい。

俳人・正岡子規は明治二十四年三月二十五日、市川で菅笠《すげがさ》を買い、成田《なりた》や宗吾廟《そうごびょう》に参詣、馬橋《まばし》、潤井戸《うるいど》、大多喜などを泊まり継いで、四月二日船で東京に戻り、『隠蓑《かくれみの》日記』を著した。

〈白桃の花やこぼるゝ朝の露〉

〈馬の鈴近くて遠き山路かな〉

酔人・太田和彦は平成二十五年三月二十八日、房総行の道すがら大多喜に立ちより、印象を『ニッポンぶらり旅』に著した。

〈大多喜の魚御禁止で酒呑《の》めず〉

……てか。

少し先の古い瀬戸物屋「紀州屋」の外に並ぶ徳利《とくり》を品定めしていると、お婆さんが「中にもありますよ」と声をかけてくれた。茶碗《ちゃわん》、丼、皿、花瓶などの一角に酒器もある。徳利は、船の上で倒れないよう底を広くした船徳利の流れをくむのか、裾が広く安定感がある。徳利二本に盃《さかずき》もいただき声をかけた。

「ここは古そうですね」

お婆さんによると、二百年ほど前の寛政《かんせい》年間と伝えられる先祖は紀州から来て、屋号を紀州屋とした。古い家柄から郷土史の展覧会に出品を頼まれ、先祖がここに家を建てた時、故郷忘れじとかの地に発注した「紀州」名入りの鬼瓦を提供した。紀州から房総に来た人は多いという。野田《のだ》は醬油《しょうゆ》の町だが、その製法は醬油発祥の地紀州の人が伝えた。白浜《しらはま》、勝浦、網代《あじろ》、加茂《かも》、野島《のじま》、岩船《いわふね》など共通地名も多く、気候植生や海岸線も似るため、その昔黒潮で来た紀州海民が故郷と同じ地名にしたのではないかという研究もある。（杉浦敬次『東国漁業の夜明けと紀州海民の活躍』）

「昔から不思議と店は大きくも小さくもならないんですよ。でも満足。こうして毎日続けられ、たまには旅行も、これで十分です」

お婆さんの優しい口調がいい。「商売と屛風《びょうぶ》は広げると倒れる」どこかで聞いた格言をつぶやくと、言葉を繰り返し「これはいいことを聞きました、憶《おぼ》えておきます、お茶一杯いかが」と言ってくれたが列車の時間だ。お元気でと失礼する私に外まで出て頭をさげてくれた。

待たせたタクシーは三時三十四分に間に合った。大多喜から七つめの終点「大原」で外房線に乗り換え、あと三駅。東京を発《た》ったのは今朝の午前九時。夕方五時過ぎに着いた勝浦は雨がふっていた。

漁師町の朝市娘

勝浦朝市の始まりは天正十九（一五九一）年。領主・植村《うえむら》土佐守泰忠《とさのかみやすただ》は領民に農業を奨励し、漁法を教え、収穫品交換の市を開いた。その日は他所での売買は禁じられ、勝浦三町（上町《かみちょう》・仲町《なかちょう》・下町《しもちょう》）を十日ごとに移動し繁盛は「江戸勝り」と言われた。

会場の仲本町《なかほんちょう》朝市通りは月の前半後半で場所を替える。テントの露台には活《い》きアワビ、サザエの高級品に、銀肌が光る若いサンマの干物・針子《はりこ》サンマは人気だ。炭火で焙《あぶ》る背黒イワシ一夜干しを一尾もらうとホコホコとおいしく、小山で三〇〇円は格安だ。

路上にぺたりと座り、目の前に自分の畑のものを並べるだけの人もいる。真っ白に太い葉つき大根。青々とした菜っ葉。筍《たけのこ》はまだ小さいが土つきで存在を主張。葉の大きな蕗《ふき》、山菜こごみに小さな土筆《つくし》の束がいじらしい。盛大な枝花は目を休ませ、米や味噌《みそ》、手作り干し芋、千葉らしい落花生新豆。大根しそ巻や、紫蘇《しそ》の実・瓜《うり》・生姜《しょうが》・茄子《なす》のきざみ味噌漬がうまそうで買いたいが、まだ早い。

朝市通りを抜けた角に甘酒と鯛焼《たいやき》の店があった。甘酒一〇〇円、鯛焼一二〇円。隣の「和泉《いずみ》酒店」は関東の典型的な出し桁造りが重厚だ。〈カツオのまちの地酒新発売・鰹《かつお》正宗《まさむね》　すっきりした辛口〉は漁師酒とはさもありなん。

真っ白な着流しにこちらもすっきりしたい男が暖簾《のれん》を分けるポスターは〈惚《ほ》れて道づれ　鏡五郎《かがみごろう》〉。

おまえと歩いた人生は
晴れの日ばかりじゃなかったな
苦労つづきの山坂だけど
おまえのやさしさその笑顔
あれば明日に歩いてゆける
惚れて道づれおまえと生きる

勝浦みなとはカツオと演歌でキマリだ。〈勝浦温泉小唄新曲発表会　第一部：吉野光《よしのみつ》子《こ》「温泉小唄」発表会　第二部：鏡五郎ビッグショー　場所：勝浦温泉　食事風呂温泉小唄CD1本付：五五〇〇円〉は安いかもしれない。

並ぶ白壁蔵造りの佐久間《さくま》金物ガラス店、木造総二階・浅野印刷所は古く、寝殿風玄関の旅館・松《まつ》の家《や》は立派だ。貼り紙〈紳士婦人長靴〉の住広《すみひろ》履物店は、磯たび、田植たび

路上の座売り、手前の花は連翹

もある。伊勢仁《いせに》米店、銘茶家庭用品・池平《いけへい》本店、廣屋《ひろや》釣具店、神仏具線香・山木屋《やまきや》。

昔ながらの漁師町には米屋と酒屋が多く、魚は海にいる、野菜は畑にある、あとは米と酒にお茶と線香があればいいということか。こういう暮らしを忘れていた。

カツオ!

昼に目をつけておいた割烹《かっぽう》「中《なか》むら」は黒柱に朱壁のお茶屋の雰囲気だが、ピンク大理石のカウンター前には全長三メートルの舟盛り木舟をでんと置き、中には酒瓶が並ぶ。

さあカツオだカツオ。私はカツオが大好きで初物が出るとたまらない。関西の人はカツオに興味がないが、血の気の強い江戸っ子は「女房を質に入れても」「ウチのじゃ質に入らん」「アナタ!」がお決まりの科白《せりふ》だ。

「カツオ!」

「あの……二一〇〇円しちゃうんですがいいですか」

これは正直だ。いいとも、交通費かけて来たんだ。ご主人によると今は走りの一番高い時。今日のは午後三時に揚がった四・一キロの大物で、まだ硬いかもしれないが、味は絶対ですと張りきった。

合わせた酒はその名も「朝市娘《あさいちむすめ》」。朝市に娘はあまりいなかったがここで会えたナ。大物をおろし始めたらしく時間のかかった〈カツオ刺身〉を、さあできましたと主人自らカウンターから出てきて私の前に置いた。氷を敷き詰めた大皿に銀皮残しのぶ厚い刺身が、磯に寄す大波のごとくうち重なり、薬味は新玉葱《しんたまねぎ》。ひと切れを箸で持ち上げるとずしりと重い。

ウ、ウ、ウ……。

搗《つ》きたての餅のようなきめ細かな肌触り、粘りのある身は、和歌山白浜で食べた、その日夕方水揚げの「餅カツオ」と同じだ。「いいでしょう。これは一本釣りではない、ひきなわ釣りと言って、船の舳先《へさき》に二本竿《さお》を立て、そっから糸を流し……」主人はここを先途と説明するが、ちょ、ちょっと待ってくれ、おいらはカツオに全神経を集中したい。ものも言わず二切れを終え、朝市娘を口にひと息。

「まだあまり血の味がないですね」

「それで血合いをちょっと残したんですよ」

なるほど切身の端に黒赤の血合いが小さくつく。カツオは揚がるとすぐ船の角で頭を叩《たた》いて気絶させる。これを捕った船頭はとても丁寧に血抜きするそうだ。カツオはニンニクが合う。つなぎにとった〈ニンニク焼〉と〈味噌きゅうり〉の胡瓜《きゅうり》がうまい。

品書きの〈アワビのつっつき〉とは活きアワビに包丁で筋目を入れ、味噌を塗り込んで焼く漁師料理。昔千倉《ちくら》の料理旅館で食べ、殻ごと炭火にのせ、熱くなるとアワビが身をよじってイヤイヤし、ものすごく旨《うま》かった。しかし今は高そうだ。別のにしよう。

「煮魚、メバルある？」

「鯛カブトなら」

その〈鯛カブト煮〉は白目をむいてヒレがピッと立つ大物。煮魚をきれいに食べるのは得意。顎のまわりのゼラチン質をしゃぶった骨を口から抜き、鯛の鯛をさがして、あぁうまかった。濃く甘い煮方は、漁師は疲れて帰ってくるので甘くするのだそうだ。

「ご飯出しますか」

ん？　煮汁をご飯にかけてメ《しめ》るのがお約束とか。うーん、カロリーオーバー。

「酒にするよ」

「ははは、どうぞごゆっくり」

海から帰った御神体

小山山頂の社殿から勝浦港を一望する遠見岬《とみさき》神社は、まことにふさわしい名だ。道路沿いの一之鳥居《いちのとりい》、銘〈大正十五年建之　勝浦鮮魚商組合〉から二之鳥居まで上がる急な六十段〈富咲《とみさき》の石段〉は〈遠見岬＝富が咲く〉の宛て字。勝浦は〝板子一枚下は地獄〟の漁師町。海の男は縁起をかつぐのだろう。

石段を上がった二之鳥居に稲荷神社二社と金刀比羅《ことひら》神社の祠《ほこら》がある。金比羅《こんぴら》様は海の護《まも》りだ。どちらも榊《さかき》は青く、紙垂《しで》（紙飾り）は白く、ここを守る人がいるのがわかる。三つの祠に賽銭《さいせん》を入れ丁寧に手を合わす女性がいる。

さらに石段が右へ上がり、次第に勝浦の町が眼下になってゆく。黙々と登る老年男二人は足腰鍛練か。下りてきた若い夫婦はそれぞれ子を抱き、奥さんの抱く赤子はまだ生後間もないようだ。お参りですか、かわいいですね、と声をかけるとにっこりしてくれた。

夜来の雨はあがり、敷石は濡《ぬ》れて青葉が光る。頂上三之鳥居をくぐると小さな社殿だ。軒下に重なる精密な持送り《もちおく》や唐獅子《からじし》彫刻の枯れた風格はいかにも海の神社。苔《こけ》むした狛犬《こまいぬ》の左右を睨《にら》む顔がいい。右手には神輿蔵《みこしぐら》。大きな石灯籠《いしどうろう》の銘は〈昭和二年建之　陸中國盛岡市吉田芳太郎　外組員一同〉。

社殿を取り巻く鬱蒼《うっそう》たる樹々《きぎ》は海の潮風に太いコブをつくって曲がり、繁《しげ》る葉はあくまで厚く、青い。蛸《たこ》の八本足をひっくり返したように幹を分ける古樹に白い紙垂がまわる。社殿裏はさらに小高く、名残の桜が風もないのに花びらを散らす下の水仙はすでに葉だけとなり、石蕗《つわぶき》は青く、つつじは赤紫のつぼみをつけ、紫陽花《あじさい》も青つぼみが球をなす。思わず深呼吸をした。

狭い石段上は本当の頂上で空が抜け、月読《つくよみ》神社の小さな祠から勝浦の浜が一望になった。社殿正面の森の奥に漢文の石碑が建つ。最近こういうものを子細に見るようになった。

〈紀徳碑　勝浦有陰君子曰小林修存先生自其子拜志以名門之裔為遠見岬神社祠官於今千有餘年世以貞亮篤學為州里……千載廟食　祠祭有人　寅畏翼、　遠見之岬　雲樹蒼、　鳴鹿之海　煙水洋、　貞泯纔詞　百世以光〉読めないがなんとなく雰囲気はわかる。〈大正攝提之歳秋八月〉とある細い刻字はまことに清雅だ。

遠見岬神社、一之鳥居から二之鳥居

雨風に晒《さら》された願掛け絵馬もある。
〈心願成就　一日も早く○さんと私が結婚が出来ますようにお願い致します　私も元気になりますように〉
〈良縁を得ましたので有り難うございました　お礼申し上げます〉
〈望月○○が着実に向上し　人々を救う医師として神様の御心のままにもちいられますよう〉
〈隆太　富士山みたいにビッグな男になれ！　父　人の気持ちを大切にできる心の優しい子になりますように　母〉
神社は港の願いを一身に集めていた。

浜のサイレン

昼食に「下町《しもちよう》丸竹《まるたけ》都寿司《みやこずし》」に入った。〈地元たねのおすすめ寿司二三一〇円〉〈あじのたたき寿司一八九〇円〉は軍艦巻。お、〈かつお寿司一六八〇円〉これだ！

熱いお茶をすするうち、真っ赤な七貫到着。「お客さん運がいいです」と言うのは添えたカツオ血合いの叩きのこと。血合いは超新鮮でないとすぐにおいが出て使えない。

血は鉄分ゆえ空気に触れるとすぐ酸化し、今は鮮赤だが十五分もすれば黒くなるとか。

では一口。叩きこんだ刻み葱が濃厚なコクに嚙《か》み心地をつけ、鼻に抜ける香りがいい。

これはうまい。酒がほしい。

「昼一番に来て良かったわけだ」

「そうでもないです、タイミング」

「ん？」勝浦港は戻った漁船の水揚げが終わるとサイレンを鳴らし、それを聞いて魚を買いにゆく。店に古い魚は置かない。そういえば神社の上でサイレン音を聞き、時報かと時計を見たが中途半端な時間だった。最初は朝七時ころ、夕方まで何回も鳴るそうだ。

カツオ赤身のにぎり寿司は刻み葱とおろし生姜を少しのせ、ほんまにもうたまりまへんなこれは。旅行客と見て主人はしきりに話しかけるが聞いてまへん。

ぺろり、ああうまかった。カツオは三月末から十月半ばまでが季節で、今日のは黒潮で来た本物の初ガツオ。新聞などで二月頃「もう初ガツオ」と出るが、八丈島《はちじょうじま》あたりを回遊してるのが築地《つきじ》に来ただけのこと。南から来る勢いのよい初ものは脂は少ないが若い赤身の旨さは今だけで、次第に脂のりを楽しんでゆく。勝浦沖は暖流寒流がほどよく混じって居心地がよく、戻りガツオを待たずとも沖で捕れば数時間後には食べられる。

やはり鮮度だ。

遠見岬神社に行ってきたと言うと主人はひと膝のり出した。慶長六（一六〇一）年の大津波で浜近くにあった社殿は流されたが、住民・久我散人が海で御神体を拾い「大明神大明神」と叫んで名主に届けた。以来九月例大祭は山上の神輿をまず下ろし、御神体は、届けた久我本家の前で晒し布に巻いて神輿入れする。御神体入りした神輿を上から見下ろすのは絶対に許されない。海渡御《うみとぎよ》などを終えると、宮司《ぐうじ》は浜で御神体を抜き、抱いて山上の社殿に戻し、神輿は下りたとき同様に空で上がる。晒しを巻いた麻紐《あさひも》は産婦の安産守りになる。当寿司店はその晒し布を毎年納めている。

勝浦は神様を大事にするところ、毎月一日・十五日は墓参りを欠かさないと強調する。〝板子一枚下は地獄〟荒海から帰った御神体は漁師の希望の神なのだろう。

漁師町の春休み

海と生活を共にする漁師町勝浦は信心深いところとわかってきた。いくつもある寺の墓はよく手入れされて五色の花が供えられ、墓を身近にしているのが偲《しの》ばれる。多くは造花だが、生花がしおれて放置されているよりはるかによい。東京あたりは墓は遠い場所でお彼岸か命日に参るくらいだが、同じ町内でその気になればすぐ寄れるのは、先祖と生きる気持ちが生まれるだろう。

遠見岬神社に登る道から見下ろした本行寺《ほんぎようじ》は寛政五（一七九三）年の築。下層和様、上層唐様の重層釈迦堂《しやかどう》は鎌倉《かまくら》にあってもふさわしい風格だ。人影のない春の午後の境内に手押し車で来たお婆さんが、小堂の水盤に立つ青銅観音像をタワシで洗っているのがよい光景だった。

石畳の参道から入る覚翁寺《かくおうじ》は勝浦を治めた植村家の菩提寺《ぼだいじ》だ。天正十八（一五九〇）年、初代・植村土佐守泰忠は徳川家康より三千石を賜り勝浦城主となる。以来泰勝《やすかつ》・泰《やす》朝《とも》・忠朝《ただとも》・正朝《まさとも》と百六十余年にわたり勝浦に善政を敷き、領地一万石となった。当寺は三代・泰朝が創建した。

境内の大きな鐘撞《かねつ》き堂から緑の芝の間の石畳を進んだ本堂は、正面に青銅香炉を置いて端正だ。左の石の天水溜《だ》めは家紋浮き彫り、棕櫚《しゅろ》の大樹が気候温暖な千葉らしい。さらに右奥の岩山裾に建つ石の塔〈宝篋印塔《ほうきょういんとう》〉の蓮座《れんざ》をいくつも重ねたような姿はどこか南国シャムあたりの形にも似てエキゾチック。江戸前〜中期の優れた石造美術と解説され、しばらく見とれた。

高照寺《こうしょうじ》は正門左右に〈一心欲見佛　傳光山〉〈不自惜身命　高照寺〉の石柱が並び〈勝浦朝市発祥之地〉の木標もある。墓地奥の銀杏《いちょう》は樹高は低いが、枝から垂れ乳のように下がる六十本もの乳柱は地面に達して地中に潜ったものもあり、もはや幹と枝がわからず、超巨大な蛸《たこ》が太足をからめて座るようだ。かつて訪れた植物学者の牧野富太郎《まきのとみたろう》は樹齢千年余と推定。別名〈乳イチョウ〉。乳の出を願う妊婦の参拝も多いと聞いた。

さわやかな風の流れる漁師町。ひなびた古い洋品店のウインドーは下にきれいな貝殻を敷き詰め、菓子舗は〈柏餅《かしわもち》はじめました〉の貼り紙。大きな人形店はもう五月人形が勢ぞろい。漁船に鯉《こい》のぼりが泳ぐのもまもなく。いい季節になってきたなあ。

エキゾチックな石塔に桜が花を添える

家族の食事

夕方入った「おさかな処《どころ》　さわ」でまず生ビールをきゅー。

さて魚は何にするか、カツオはもういいな、やはり〈なめろう〉かな。青魚を薬味と味噌で叩いてねっとりさせた千葉の漁師料理なめろうは、東京の居酒屋でもポピュラーになったがほとんどはアジだ。しかし地元ではイワシ、サンマはもとより、春のトビウオ、夏のイサキ、イナダあたりは最高と言う。それを焼く〈さんが焼〉は東京ではまだあまり見ない。これだな。

わりあい広い店の料理仕事の見えるカウンター端。すぐ左は料理が出る台所口で、うまそうなものを見たら注文だ。恥ずかしながら長年の居酒屋通いで良い席を見抜くのはうまくなった。

さんが焼は大きな帆立貝殻にこんもりと厚く、叩いた魚に貼り付けた大葉も浅く焼け焦げて湯気をのぼらせる。

かぷり。うまい、かなりうまい、相当うまい！　白っぽい身はふわりと身が崩れ、焦げたところはほどよく堅く、混ぜ入れた玉葱は魚の甘みを引き立ててシャキシャキした噛み心地になり、大葉の移り香がすばらしい。

「この魚は何？」

「サワラです」

なるほど、なるほどなるほど。味よく身のソフトなサワラはこの料理にぴたりだ。

「なめろうは？」

「アジとワラサ」

ウム納得。腰の弱いサワラはなめろうにはやや頼りないだろう。魚を使い分ける、やるなこの店と私の手のひらが膝をこすり始めた。最近食べたものがうまく機嫌がよくなると、こうする癖があると気がついた。

座敷は予約した中年おばさん五人のグループ。味と値段に厳しいのがおばさん客の相場。ここは合格らしい。

〈とこぶし煮〉は形は小さいが身はぐっと厚く一・五センチはある。濃い味付けは地酒「腰古井《こしごい》」辛口ぬる燗《かん》にぴったりだ。さて昨日食べ損なったメバルにしよう。

「煮魚、メバルある？」

「ないです、キンメかカレイ」

巨大な卵を抱いたカレイ切身の煮魚は甘く濃い味のあっさり煮でたっぷりの白髪葱が

鮮烈だ。

「煮魚、甘いね」

「この辺は田舎《いなか》で味は濃いです」

昨日の割烹中むらの主人と同じ答え。黒Tシャツの若主人は浅黒い顎が引き締まった海の男らしい風貌で黙々と包丁をつかい、最小限の言葉できっぱりと答える。私は彼に好感をおぼえてきた。

店はいっぱいに混んできた。

「家族連れが多いね」

「今、春休みだから」

そうか。幼子を膝の間に入れた若いお父さんは片手で焼酎《しょうちゅう》、お母さんは机の下にもぐった子を手で追いながら箸をつかう。共に黙っているがこうしている幸せがみえる。六人家族は爺《じい》さんが孫をみるのにまかせ、若夫婦は食べるのに夢中だ。勝浦は家族を大切にするところかもしれない。春休みは子連れで家族を確認するいい機会なのだろう。私はどんどん酒がうまくなってゆく。

潮騒と勝浦のひと

さて明日は帰る日。朝市で土産《みやげ》を買おう。目をつけておいた〈背黒いわし〉朝干しの大きな一山三〇〇円を買うと、同量くらいをおまけに気前よく袋に入れてくれる。〈小《こ》鯵《あじ》の開き〉も買って大漁大漁。

袋をぶら下げて向かうのは遠見岬神社下の、朝七時からやっている「御食事処いしい」。ここで〈勝浦タンタンメン〉を食べる。

市内目抜きに〈熱血‼勝浦タンタンメン船団　2012関東・東海B-1グランプリin甲府　祝ゴールドグランプリ（優勝）受賞〉の大きな引き幕、あちこちにビラがたくさん貼られていた。昔から勝浦はラーメンよりも辛いタンタンメンが一般的で、それは海から帰った男の疲れて冷えた体を一気に温めるためと聞いた。

「タンタンメンね」

「はい、タンタンメン一丁！」

机の大きな冷水ポットが辛さを予想させる。B-1グランプリを報じる新聞記事コピーの写真〈喜びを分かち合う熱血!!タンタンメン船団〉のねじりタオルに満面笑みの一人は、奥で丼を支度するここの主人のようだ。祭好きらしく額の写真は、神輿の長い担ぎ棒四本に、頭にタオル鉢巻、背に一文字「濱《はま》」の上下真っ白ダボシャツの屈強なのが百人ほどぎっしりしがみついて壮観だ。さらに海に担ぎ込んだ海渡御は海の男の荒っぽい意気をいやがうえにも感じさせる。

「お待ち」

届いた丼は真っ赤な汁に点々と白ゴマが浮き、玉葱スライスがこんもりと重なる。まずスープから。

フーフー、スー……。

辛い。辛いが、底に挽肉《ひきにく》が沈むよく利いた魚貝出汁《だし》の旨みが辛さをどろどろさせずすっきりと冴《さ》えさせ、たっぷり入る玉葱の甘みが辛みを消して、さらにひと口と進む。勝浦タンタンメンの特徴はこの玉葱と見た。以降やめられない止まらない、冷水がぶり、ハンカチ汗ぐっしょりだ。

「タンタンメンうまいね」

「あたしたち、これしか知らないのよ」

港に海の男が働く

朝早いのに朝市をまわり終えた客が続々とやってきて、水をもう一杯きゅーと飲んで店を出た。

腹ごなしにやって来た港は、千葉県勝浦港と大書した大型冷凍トラックが並ぶ。身長ほどもある木箱には〈壱岐産本まぐろ　昌漁丸　郷ノ浦町漁協〉となぐり書きされ〈82・0キロ〉は私より重い。

広大な屋根付き埠頭《ふとう》にゴム前掛け・長靴の男たちが黙々と、満載コンテナからベルトコンベアに流れる六十センチほどの成魚をスチロール箱に詰め、てきぱきと蓋をかけ、フォークリフトが即座に箱をトラックに運んでゆく。

「この魚は何ですか？」

「ワラサ、ブリの小さいの」

ぶすりと呟《つぶや》く男が魅力的だ。出世魚ブリは、関東ではモジャコ（稚魚）→ワカシ（三五センチ以下）→イナダ（三五～六〇センチ）→ワラサ（六〇～八〇センチ）→ブリ（八〇センチ以上）と名が変わり、北陸はコズクラ→ツバイソ→フクラギ→ガンド→ブリ。関西はモジャコ→ワカナ→ツバス→ハマチ→メジロ→ブリ。このワラサも叩いてさんが焼にするとうまそうだ。

一般人はだれもいない埠頭の男の仕事場は静かだ。そう、男は働く時は黙っている。

目をやった海に海鳥が悠々と旋回していた。

ちょっとバー

「Ｃｈｏｔｔｏ Ｂａｒ ＫＵＮＩＺＯ」は昨日の夜も来た。ショットバーではなく「ちょっとバー」。さっぱりと腕まくり白ワイシャツのマスターはいい男。昨夜は焼酎を飲んだが、今日は彼のオリジナルカクテルにしよう。

「潮騒」

「はい」

勝浦地酒「腰古井」をベースにピーチと青りんごのリキュール、レモンジュースをシェイクする腕の振りは、寄せては返す「春の磯波」。カクテルグラスの縁半分に塩をまわしたハーフムーンスタイルにゆっくり注いだ。

ツイー……。

青りんごの香りが清々《すがすが》しく、日本酒は感じないが旨みになっているようだ。塩の側で飲むと海の匂いがする。「潮騒」は三島由紀夫が小島を舞台に若者の恋を描いた小説の題でもある。春だなあ。

「勝浦はどんなところですか？」

「ああ、いいところですよ」

最近子供が生まれて市から記念樹が届くことになった。紫陽花、月桂樹《げっけいじゅ》など五、六種類から奥さんが桜を選び、植木をやっている叔父《おじ》に頼んで植えてもらった。まだ頼りない若木だが育ってほしいと笑う。勝浦タンタンメンは子供の頃から中華麺といえばこれのこと。六月「カツオまつり」は素人が一尾丸ごとを買う。

カウンター端で若い女性がなにごとか相談しているやや年長の男は、日に焼けて腕が太い。

「それは自分で考えなきゃだめ」

「そう、やっぱりそうよね」

自分に言い聞かせるようにワイングラスを回す。

「でも考えがきまらない時は？」

「待つ、待つと自然にきまる」

春は恋の季節。耳に入る話を断ち切るように店に目をやった。マスターの同級生がやってくれたという木の内装はイギリスの港町のバーに座っているようだ。春の港町の小旅行はよかったな。

「ウイスキーにしよう。アイリッシュ、ジェムソン」

マスターが棚に手を伸ばした。

今日の昼に歩いて見かけたポスター〈勝浦のひと／大和《やまと》龍二《りゅうじ》〉は二番の歌詞がいい。

今朝の朝市賑《にぎ》わう中を
君は離れて歩いてた
海の上なら肩寄せ合える
人目を避ける事もいらない
口づけ交わせば切なくなるけど
好きさ好きだよ勝浦のひと

長崎

2013年4月

おそろい白エプロンの
「安楽子」のお母さんとお嫁さん

母の故郷へ帰る

戦前生まれの私の母は長崎県大村の出身だ。大村高女を卒業後、実父が単身赴任している朝鮮大川《デチヨン》に身辺世話のためにわたり、人の紹介で師範学校の長野県出身の教師と現地で結婚、中国済南《さいなん》に新居をもった。敗戦後、北京の日本人収容所で二男の私を産み、数週後の昭和二十一（一九四六）年三月、引き揚げ船で帰国。大村の実家でしばらく休養の後、一家は幼子二人とともに長野県松本《まつもと》の父の実家に赴き、母は初めて義父と対面した。

母は温暖な海辺の長崎大村とは風土人情も異なる長野県に住む自覚があったのだろうか。晩年の床の脇には、大村・小姓《こしよう》小路《こうじ》の実家の石垣が写るカレンダーの風景写真がつねにあった。元気なうちにもう一度大村にという願いを果たせぬまま亡くならせたのは私の生涯の悔いとなった。私には父長野県人と母長崎県人の血が流れている。

大村湾の空港に降りた飛行機から長崎市内へはバスで小一時間。眺める外の風景は針葉喬木の多い長野県とちがい、南国の幹は太く曲がり葉は厚く緑は濃い。四年ぶりくらいに長崎にやって来た。

ホテルに荷物を置き、昼飯に出た「喜楽園《きらくえん》」は長崎ちゃんぽん・皿うどんだけの小さな店だ。

小学生のとき母の実父の葬儀で一家は長野から長崎に向かい、子供の自分には興奮すべき大旅行となった。結果的に遠い長野に嫁いで初めての里帰りの母を長崎の家族親戚は温かく迎え、子供心にも人の温かさとはこういうものかと思った。そのとき食べたのが〈皿うどん〉だ。恐ろしきは舌の記憶。戦後の食料難に塩辛い漬物しかない長野では想像もできない豊かな味は、しっかりと舌に残った。

「おまちどおさま」

届いた皿うどんは豪華な具が満載の大店《おおだな》のそれと異なり、緑と赤のかまぼこ・ちくわ・キャベツ・ニラ・もやし程度の質素な皿だが、これが日常の皿うどん。干し草のような香ばしさの極細揚げ麺は口の中でバリボリと崩れ折れ、とろりとしたあんかけで柔らかくなるとまたおいしい。これは子供でも美味に感じるはず。こうして味から自分を土地になじませる。

長崎の血

何度か長崎に来るうちになじみの店もたくさんできた。その多くは思案橋《しあんばし》横丁界隈《かいわい》で、まずは四時半開店の「安楽子《あらこ》」から。

「こんちは」

「あらー太田さん！　いらっしゃい、いつ来なさったとですか」

「さっき」

「また、なんばお仕事で」

「てわけでもないが」

「ばってんよかたい、さあどこでも座りんしゃい」

入っただけでひと騒ぎ。カウンター席に横座りで話を続ける。お父さんは「ちょいと腰を痛めて、もう息子に代をゆずりました」。紹介されたお嫁さんはまだ女学生のようだが結婚して三年。子供が手を離れ店に出ているけれど「おなかには二人目がいるのよ」とお母さんが笑う。二人お揃《そろ》いのエプロン姿がいい。私は息子さんにこんないいお嫁さんがいたと知りうれしくなった。長身、彫りの深い面立《おもだ》ちの五島出身のお母さんは英国人のような美人で相変わらずお若く、二代目三十八歳の息子さんも血を引いてハンサム。

お母さんが見せる携帯写真はベルギー人に嫁いだ長女の娘で、西洋人形のように愛らしいお孫さん。以前店で「静かにしとらんばだめよ」のおばあちゃんの小言も何のその、料理を「わたしがはこぶ」とおしゃまを発揮、客に喜ばれていた。「へーこんなに大きくなったんだ」と言ってもまだ十二歳の子供、気取ってかけた大人のサングラスがかわいい。

「名前は何でしたっけ」

「夢生子と書いてユニコと読むの」

きゅー。最初のビールが腹にしみる。今や社長の（と言ったら苦笑して手を振った）二代目が早速切った刺身のタコ・ヒラス（ヒラマサ）・イサキがうまい。

開店四十年。建物はもっと古く年期の入ったカウンター、竹で化粧した食器棚、飾る一尺余の九谷《くたに》大皿が盛時を偲《しの》ばせる。

「太田さん、見て」とお母さんが走り持ってきた電子パッドの動画はシンガポールからのテレビ電話で、ユニコちゃんが弟とサッカー中。ＩＴ音痴の私は驚いたが、相手はそこが子供「おばあちゃん切るよ」とあっさり消えてしまった。「あら残念、でも今度六月に来るの」「へー、その時来ようかな」孫たちに囲まれた幸せをみて、わたしは家族のような気持ちだ。二杯目のビールがおいしい。

まだ日が高いうちにやって来る客は中高年夫婦が多く、ご主人はソフト帽にチェックの上着、奥さんは軽いカーディガンと身なりを整えているのがいい。店の人と「やあやあ」と名で呼び合い、女同士は「いま何カ月？　ああまだ働いていてよか」と話す。

鎖国時代、外国に向けて唯一開港された長崎の住人は人を迎えることに慣れ「男は親切、女は美人」が定評となる。今日も空港バスを降りて乗る市電がわからずにいると、電車待ちの人が「どこ行くと？　それなら何番」と教えてくれた。美人はさっきから通りで何人も振り返って見ている。

私の育った長野県は峻厳《しゅんげん》な山に囲まれた寒く閉鎖的なところで、理屈っぽく出世主義、来県者に厳しい土地柄だ。しかし長崎県の人は理屈を好まず「まあよか」と温かく人を迎える。私は歳《とし》をとるに従い、自分の長崎の血を大切にしたいと思うようになってきた。

思案橋横丁の夜はふけて

久しぶりに長崎を訪ねた私は、夕方を待って居酒屋「安楽子」に入り旧交を温めた。次は思案橋横丁のおでん「桃若《ももわか》」だ。顔を出したい店がいっぱいある。

「こんちは」

「あら太田さん、ちょうど噂《うわさ》してたとこ」

「どうせ悪口でしょ（笑）」

「いいや、テレビで見たばってんが、お瘦せんならさったかと」

「お前そんなじろじろ見たら失礼やないか（笑）」

おでん箸を手にしげしげと私を見る奥さんと、たしなめる白衣の主人は夫婦漫才コンビ。カウンターを囲む客はこれが楽しみだ。

「えっと、大根とワカメ」

開店昭和六年の老舗《しにせ》おでんは柚子《ゆず》胡椒《こしょう》が合う。陽気な奥さんは最近韓国にはまり「白菜キムチもおいしかばってんが、一万円持って免税店で買った、ぬか鰻《うなぎ》の財布とベルト、BBクリームは収穫やったわ」。意味不明でご主人を見ると顔前で手を小さく振り「聞かんでもええ」とサインを送る。

高知出身の主人は大手企業の長崎支社赴任中ここの常連になった。奥さんは三代目だが、客商売がいやで堅気のサラリーマンと結婚したいと現主人を見初《みそ》めた。「それがいつのまにか私がカウンターのこち側ですわ」といつか主人がぼやいて笑った。今は二人の間に頼もしい息子さんが立つ。

「いくつになった?」

「四十一です」

「若い、うらやましいな」

「いや、今年のくんちは当番ですが、自分はもう出ません」

長崎鎮守諏訪《すわ》神社、毎年十月の祭「長崎くんち」は、五十九ある各町を七つに分け、七年に一度「踊り町」の当番が来る。以前来た時ここ本石灰町《もとしっくいまち》は当番年で、息子さんは六月一日の小屋入りから筋トレ、御朱印船山車《だし》の曳《ひ》き回し練習と張りきっていた。あれから七年、もう後進の出番。自分は二十七歳、三十四歳と男盛りの時でよかったと達観した顔だ。

「桃若」のなごやかなカウンター

カウンターをかこむなごやかな顔がいい。奥は東京勢もいる男三人仲間で、ヨットで長崎入りしてハーバーに停泊。船を下り、歩いてここに飲みに来たそうだ。

「すると今夜は船泊まり？」

「そう、安上がり（笑）」

なんだかうらやましい。船名を聞くと、紙に〈ABUZURIAN〉と書き、わかる人はわかると謎をかける。

「……三浦《みうら》半島？」

「そう！　アタリ」

神奈川県三浦に鐙摺《あぶずり》という地名がある。その小さな浜を愛して命名した海の男のロマンチシズム。去年もここに来た時、水産会社社長と意気投合「うんとうまい魚食べさすばってん、明日も来い」と言われ、翌日半信半疑で来ると刺身などが山のように届いていたそうだ。「おかげで私らもご相伴」と主人が笑う。

その隣は美女三人。一人は長崎市の山反対側海辺の茂木《もぎ》の人。茂木は「枇杷崎《びわざき》」の地名がある枇杷の名産地。さっき「安楽子」を出る時「ちょうど届いた」と立派な枇杷をいただきホテルに置いてきたばかりだ。「枇杷のような美女産地かな」とカマをかけると「そうよ」とノってくる。「枇杷ゼリーにイッコッコウもあるけん」「ん？」「どがん字やったかな」と思案していわく、中が空洞の「一〇香《いっこっこう》」という菓子でケンミンショーにも出たと自慢するがよくわからない。「JALホテルの隣に花火屋あるやろ」「うんうん」「その前に長崎店がある」。よしわかった。長崎は、ほどよく都会でほどよく田舎《いなか》。大好きでどこにも出たくない。「男はどう?」と水を向けると一同シンと聞き耳を立て「よいと思います」と小声になり皆が笑った。

女性の一人がお先と立ち上がり、この思案橋横丁でその方のお母さんがやっているスナックが三十七年続いて今日閉店、今から手伝いに行くそうだ。店の名は「美千代《みちよ》」。「後から行くかもしれない」と声をかけた。

出会って別れ

酒の席の約束は守る。スナック「美千代」のドアを開け「お先に」の彼女があらうれしいと迎えた。ロングスカートに深紅の絹ブラウスのママさんは御歳《おんとし》七十二歳、元気なうちにと閉店を決めた。ソファに座るのはママさんに心寄せたらしき老紳士たち。一人はせっせっとカラオケ中だ。ビールをいただいて心付けを握らすと急階段の下の外まで見送ってくださる。

「どうぞお元気で」

「ありがとうございます、あなたもお元気でね」

初めて来て最後。振り返ると手を振り、階段を上がって行った。

さてもう一軒。

「こんちは」

「……太田さん？」

思案橋横丁入口の階上のバー「中野」はおよそ二十年ぶり。よく私がわかったな。マスター中野さんはほどよく年齢が重なり、ウエイブに白いものも交じる髪にひきしまった顎は、哲学か物理の学者のようだ。今も黒タキシードに襞《ひだ》つき白シャツがピタリと決まる。メジャーカップで正確に量るジントニックも昔と変わらない。「今回は何ですか？」ままよと「サンデー毎日の旅記事です」と答えると「Gさんをご存じですか」と聞かれた。Gさんは編集長で、その前は長崎支局勤務。時々ここで一人静かに飲んでいたそうだ。

長崎に来てまだ最初の夜、いろんな人といろんな話をした。人への余韻醒《さ》まし。Gさんもそうだったのかもしれない。私もあと一杯、寝酒としよう。

海の貴婦人の総帆展帆

階段を上がってまた下る美しい鉄骨構造に木板を敷いた橋は、水に反射した朝陽《あさひ》を浴びて光る。高い橋上から、バス停に並ぶ出勤や通学の人を見た。長崎の朝が始まる。

昨晩のおでん屋「桃若」にいたヨット三人組に、この「長崎水辺の森公園」を教わり、店主人も「あそこはよか、市もいいもん作ったわ」と話していた。

水辺の石畳を犬連れや、ここが近道と出勤の人が行く。市内と逆に海方向へ向かう人はこちらが職場か。一段高い遊歩道は緑豊かにハナミズキが花盛りだ。巡る水路の、今渡ったオランダ坂橋やあじさい橋、うみてらし橋、羽衣橋《はごろもばし》など、それぞれ異なる設計が楽しい小橋を渡ってみたい。ところどころにシンボルに置いた船の白い浮輪とロープが港を感じさせる。

水路に沿い、宵待橋を経て芝生の「大地の広場」「水の庭園」になった。潮風の先に、長崎港のゲート、女神大橋が見える。全長一二八九メートル、世界最大の客船クイーン・メリー2も下を通過した斜張橋が美しい。長崎は港の町だ。

海際、風待橋の先に碇泊《ていはく》する大型帆船が見えた。今は「長崎帆船まつり」で、今年は四隻《せき》の帆船が寄港していると昨日聞いた。

初めて見る日本丸の雄姿よ！　帆をおろした裸の四本マスト（帆柱）にヤード（帆桁）が横に架かる。近づくに従い船は巨大になり接岸船腹の甲板ははるか高い。

初代日本丸は昭和五年、神戸・川崎《かわさき》造船所で進水。美しい大型航海練習船は「太平洋の白鳥」と賛《たた》えられ、多くの海の男を育て昭和五十九年に引退。これは二代目で、さらに性能を向上させた世界有数の帆船なのだそうだ。

科学万能の時代に、自然の風だけで大海原を悠々と航行する大型帆船ほどロマンを感じさせるものはない。大航海時代そのままの帆船を、今も航海術の基礎として学ぶとはなんと頼もしいことか。男なら憧れない者はないだろう。午後には公開セイルドリル（操帆訓練）が行われる。

その先に碇泊する二本マストに大きな外輪をもつ蒸気帆船「観光丸」は中が見学できる。この船は安政二（一八五五）年、オランダ国王から徳川幕府に献上され、長崎海軍伝習所の練習船として使われた船の、オランダの造船所による復元だ。長崎海軍伝習所はオランダに発注した蒸気船二隻（後の咸臨丸《かんりんまる》、朝陽丸《ちょうようまる》）の乗員養成を目的に開校、

全36枚の総帆展帆を終えた日本丸

後の海軍兵学校の淵源《えんげん》となった。

私の叔父《おじ》は、戦前の大村中学から江田島《えたじま》の海軍兵学校に進み、不沈艦として有名な駆逐艦「雪風《ゆきかぜ》」に乗船。戦後海上自衛隊司令を経て民間船の船長として世界を周り、無事陸《オカ》に下りて余生を過ごしている。私は海軍出身らしく合理的で沈着な叔父を尊敬してきた。

見学者から離れて見守る制服の観光丸船長は、見るからに長崎顔だ。何か話してみたい。

「この船の母船はどこですか」

「ハウステンボスです、今はこうしてイベント航海くらいです」

「もしかして長崎のご出身では」

「はい」

しばらく長崎の話などにこやかに答えてくれた。

海続き隣の出島《でじま》ワーフはヨットの係留ハーバーで、昨晩の三人組から、ここに入れた愛艇〈ABUZURIAN〉に遊びに来てよと言われていた。いくつかのヨットの中に見つけたが、今はいないようだった。

セイルドリル

午後一時から始まるセイルドリルに、岸壁の芝生広場は座り込んだ観衆でいっぱいだ。「全長一一〇メートル、幅一四メートル、二五七〇トン、手前からフォアマスト、メインマスト、ミズンマスト、ジガーマスト。一番高いメインマストは船底から五五、水面から五〇メートル」などと説明のうち訓練が始まった。

カーキ色制服は教官、青服は乗組員、白服は実習生で黄色布制帽の中はヘルメット、腰に安全ベルト、足は裸足《はだし》。実習生百四名には女性五名もいて制帽の後ろに束ねた髪がはみ出る。航海士になるための訓練で今は乗船四週間、三回目の操帆訓練だ。

全員が甲板で一斉体操の後、実習生は網梯子《あみばしご》から次々にマストを登り、ヤード（帆桁）に横並びに立ち、遠目にも裸足がしっかりロープをつかんでいるのがわかる。マストの一番高いところから下を見ると船首が靴の大きさに見えるそうだ。作業はヤードに束ねた帆のロープを順に解いてゆく。

「そこ持ち上げろ」「そっちそっち」「右からおろせ、ゆっくりおろせ」「お前はあがれ、お前じゃない！」

要所に立つ教官が次々に指示。緊迫した船上に観衆も静まりかえる。終えた実習生は下りる方が難しいらしく、明らかに緊張してマストにしがみつき、および腰で足先を泳がせて頼りを探す。

展帆《てんぱん》準備が整うと全員が甲板に下り、「わっしょい」「せーの」の繰り返しで順繰りにロープを引くと、遥《はる》か高く白い帆の束が解けて広がり始めた。三百本もある複雑なロープにはもちろんすべて意味があり、指揮教官は女性だが「何々しろ！」と簡潔な男言葉。号令一下、緊張して走り回る若き実習生の清々《すがすが》しさ。わが子をここに放り込み、みっちり鍛えてもらいたいと思う親も多いだろう。

やがて最上部のロイヤルセイルを最後に、全三十六枚がふっくらと風をはらんで総帆《そうはん》展帆された美しさは、まさに海の貴婦人！

終えて乗員すべてが甲板に一列に並び、制帽を取って一礼すると女性の髪がはらりと肩に落ち、観衆から惜しみない拍手がわいた。

オランダ坂の石畳

日本丸の操帆訓練セイルドリルを見終えて出島ワーフの方に行くと、なんと昨夜おでん屋「桃若」で一緒だった三美女の二人とヨット三人組がいる。

「わ！」

「あ！」

たった今出会って驚いているところへ私が来た格好で、全員がセイルドリルを見に来ていた。「すごい偶然」「こりゃもう、うちの船に来てもらわないと」

案内された愛艇〈ＡＢＵＺＵＲＩＡＮ〉は三二フィートのモータークルーザーで、舵《だ》輪《りん》は舳先《へさき》と荒天用に室内にもある。今はカーナビのような船ナビが必備なのだそうだ。

船室はソファが机を囲むサロンも、料理コーナーもあり「ビールはここ」と冷蔵庫も完備。狭いながらも一人ずつのベッド。内装はすべて艶《つや》ニスの木と金ピカの真鍮《しんちゅう》だ。狭いながらもと言うより、その狭さがかえって男の冒険心をそそる。女性陣も、へえこんなところに棚がと興味津々。

神棚にあたるところに、海賊や船乗りにそれぞれを模した小さな木彫人形三体が立つ。三人組はいろいろ使ってみせたいらしく、「今コーヒーをいれます、そこからカップ出して」「はーい」と楽しい。

明朝はハウステンボスに出港とか。「最後の一晩、どこか居酒屋に行きたい」と相談を受け「それなら安楽子」と奨《すす》めた。

ほどよい時間に安楽子に行くと二階座敷で飲んでいる。

三人は大手商事会社に入社直後にヨット部に入った仲間。週末は自宅よりも三浦半島・秋谷《あきや》の合宿所にいることの方が多く、練習また練習の日々。「合宿所から出社したこともよくあったなあ」と笑う。互いに海外駐在のころは乗船もままならなかったが、一人が昨年六十五歳で会社から完全に離れたのを機に自艇を購入。ハウステンボスを係留地にして、ついでに自分もそこにセカンドハウスを作って住んだ。ともに一歳下の二人は時々東京からハウスに来てはクルージング三昧《ざんまい》ということだ。

「うらやましすぎる！」

フン然とする私に「あはは、ぜひ遊びに来てください」と笑う。ヨット仲間の友情は一生だろう。そちらの方がうらやましかった。

長崎慕情

翌日の長崎は今日も雨ならぬ快晴青空。オランダ坂へ散歩に出よう。石畳の坂途中に「長崎物語」の歌碑がある。

赤い花なら曼珠沙華《まんじゆしやげ》
阿蘭陀《オランダ》屋敷に雨が降る
濡《ぬ》れて泣いてるじゃがたらお春《はる》
未練な出船のああ鐘が鳴る
ララ鐘が鳴る

〈じゃがたらお春はイタリア人航海士と長崎の貿易商の女性の間に生まれ、寛永《かんえい》十六（一六三九）年の鎖国令により、家族とともに十四歳でバタヴィア（ジャカルタ）へ追放され帰ることのなかった容姿端麗の娘〉これは私の解説。歌碑の解説は、

〈黒崎貞治郎《くろさきていじろう》は、毎日新聞社会部長として、終戦前夜のジャアナリズムの第一線にあった人である。梅木三郎《うめきさぶろう》の名で歌謡詞の筆をとり、幾多のヒット作を世に送り出している。その代表的なものは〝長崎物語〟戦前から今日に至る長い生命を持っている。井上靖《いのうえやすし》〉

井上は戦前『サンデー毎日』懸賞小説に当選したのが縁で毎日新聞大阪本社学芸部に入社した。黒崎は上司だったのかもしれない。

東京、横浜に次いで最も歌に歌われている街はおそらく長崎だ。「長崎の鐘／藤山一郎」「長崎のザボン売り／小畑実《おばたみのる》」「長崎の女《ひと》／春日八郎《かすがはちろう》」「長崎の蝶々《ちょうちょう》さん／美空《みそら》ひばり」「長崎ブルース／青江美奈《あおえみな》」「長崎は今日も雨だった／内山田《うちやまだ》洋《ひろし》とクールファイブ」などなど。ちなみに「長崎の今日は晴れだった」も歌手前川清《まえかわきよし》ならぬ「後川清《うしろかわ》」で発売されたが話題にならなかったとか。数ある長崎もので歌謡ファンに評価高いのは渚《なぎさ》ゆう子の「長崎慕情」と付け加えておこう。

歌碑の向かいは名門・活水《かっすい》女子大学だ。オランダ坂の石畳を踏んで通学する女子大生は絵になる。

昭和三十七年・日活映画『若い人』は活水でロケされ、新任教師に石原裕次郎《いしはらゆうじろう》、同僚美人教師に浅丘《あさおか》ルリ子、裕次郎に恋心を寄せる女学生にデビュー間もない吉永小百合の豪華配役。見どころは小百合のルリ子先生への微妙な対抗心。修学旅行先の東京の雨の路上に濡れながら、小百合が裕次郎先生に激しく気持ちを告白する場面はよかった。

正門脇小道の東山手《ひがしやまて》十二番館に私学歴史資料館があった。

日米和親条約により鎖国が解かれると多くの宣教師が来日。明治三年のフェリス女学

素敵な活水女子大学の中庭

院、女子学院を緒に、各地に横浜共立学園、青山女学院、平安女学院、神戸女学院、同志社女学校、立教女学校、梅花《ばいか》女学校などを創設した。

活水女学校は明治十二（一八七九）年、アメリカの宣教師ラッセル女史によるミッションスクールとして生徒一名からスタート。明治三十年代の着物に袴《はかま》姿の女学生の意志的な眼《め》は、これからの女性は時代に敏感で積極的にという創学理念をよく感じさせる。

五線譜に書かれた旧校歌は二番がいい。

想《おも》へば遠きその當時《むかし》
故國《ふるさと》離れ遙《はるか》の國《くに》に
神の恵《めぐみ》を傳《つた》へむと
来《きた》りしきみの愛ぞめでたき

港からよく見える、山手にそびえ立つ四階建て本館は大正十五（一九二六）年の築で、赤い屋根がシンボル。守衛さんにことわって入れてもらった校舎中庭は、赤屋根に並ぶ三角のドーマー窓がイギリスの寄宿学校のように素敵だ。魅力ある学舎は学生生活のよい思い出、母校愛になる。活水女子もきっと誇りに思っていることだろう。

センチメンタルな旅

新地中華街の「老李《ラオリー》」に昔入った時は、旅心もあり極上カラスミ入り〈極上ちゃんぽん〉一三六〇円をとり、もちろんおいしかったが、こういうものはやはりレギュラーを食べてこそと反省。今日は〈並〉七四〇円にしよう。

「おまちどおさま」湯気を上げる紅《あか》い縁のかまぼこ・いか・ちくわ・小エビ・ニラ・あさり・豚肉・もやし・キャベツ・玉葱《たまねぎ》の具たっぷりに、白湯《パイタン》こってりスープは生クリームが隠し味らしい。麺をもっとほしいくらいの具沢山にたらふく満足、小皿にちょんと三つの〈水餃子《すいぎょうざ》〉三個二一〇円もたいへん結構でした。

隣は、おでん屋「桃若」の茂木出身美女が目印に教えた花火屋「錦昌號《きんしょうごう》」だ。花火屋が常時あるのが爆竹好きの中華街。するとこの向かいが茂木銘菓「一〇香」の店か。江戸中期に中国の禅僧が伝えたという焼饅頭《やきまんじゅう》は手に軽く、さくりと噛《か》むと、張り子のような皮の中は完全空洞で内側に飴《あめ》が塗られている。美女は「中に閉じ込めた空気が甘いんです」と文学的に表現していたが、そうでした。

安政六（一八五九）年の開港によりロシア、イギリス、オランダ、アメリカなどと自由貿易ができるようになると、貿易・外交事務を行う湊《みなと》会所がつくられ、のち明治五年に長崎税関となった。

開港後の長崎は外国人の居留地となり、港の大浦《おおうら》地区はホテル、事務所、劇場、バーなどがヨーロッパ風の町並みをつくった。後の上海《シャンハイ》航路開通による旧香港上海銀行長崎支店（今は記念館）など、今もその雰囲気は残る。

坂上の東山手地区は「領事館の丘」とよばれた外国人自治地区で、中核の英国領事館は、移転後にスチイル記念学校、のちに海星《かいせい》学園となった。

風格ある校門先はグラウンドが広く、体操着の男女生徒が総出で小石を拾ったり、椅子やテントを運ぶ。男子に声をかけてみた。

「何かあるの？」

「明日の運動会の準備です」

今まで中学高校一緒にやっていたが生徒が増え、明日は初めての中学だけの運動会だそうだ。

「君は何年生？」

「一年です」

「何に出る？」

「米騒動、砂の入った袋をかついで走ります」

入学最初の運動会は痛快だろう。このぶんなら明日も快晴だ。見に来ようかなあ。

「勝てよ」

「がんばります！」

隣の高校体育館から「おっさ、おっさ」と激しいかけ声が聞こえ、窓から見ると体操着の男女学生がリーダーのスピーカー音楽に合わせ、迫力ある集団ダンスの練習中だ。若いっていいなあ。

門を出て離れ見る海星の青屋根校舎は、赤屋根の活水女子大と対を成すようだった。

思い出の長崎

山手に続く道はつねに港を見下ろし、気分が雄大になる。聞こえるブオーという汽笛は五島航路の船だ。大学生の夏休み、友達と二人でこの船に乗り、長崎新聞記者として五島福江《ふくえ》に赴任中の新婚間もない叔父（母の弟）を訪ねたことがあった。長崎人らしく気さくな叔父は「暑いから外で飲むのがよかよ」とボロアパートの屋上に手料理を運び、満天の星を見ながらビールを飲ませてくれた。

それから幾星霜、銀座の資生堂に勤めていた私は、すぐ近い銀座通りの長崎新聞東京支社に支社長赴任して来た叔父に挨拶にゆき、「カズヒコが銀座を案内せんば」と言われてなじみの居酒屋に御案内、ご馳走《ちそう》になった。

戦後間もなく長崎の母の父の葬儀で、わが一家は信州から汽車で参列した。葬儀とはいうものの天寿全う、娘時代には父の身辺世話に尽くした母を親戚きょうだいは温かく迎え、遠隔地に嫁いだ初の里帰りの骨休めにしばらく居させた。ちょうど学校夏休みで教員の父も休みがとれ、大村での葬儀を終え、休暇に長崎の母の姉宅にまわり、父は兄と私を観光名所のグラバー邸や大浦天主堂に連れていってくれた。絵が得意な兄はさっそくスケッチブックを開いた。

五十五年ぶりに来たグラバー邸一帯は地区整備されていたが、八角形を連続させたバルコニーや斜め格子のファサードは記憶にある。今は白い蔓《つる》バラが満開だ。

すでに亡い父も母も若かったあの時の旅は、外地から命からがら親子で引き揚げた戦後の混乱もややおさまり、どうにか生活の目処《めど》もついた頃の、ひと息つくような里帰り旅行だった。小学生の私は山国から来て、生まれて初めての海水浴をして、海水は本当

グラバー邸から長崎港が見える

にしょっぱいと知った。バスで雲仙《うんぜん》に小旅行して噴煙も見た。

貧しい時代だったが夜は精一杯の歓待料理が並び、長崎新聞の叔父は、戦前朝鮮の日本人学校で教えていた父の生徒で「太田先生にビールば注いでもらえるとは」と相好を崩し、家族を笑わせた。

教育県と言われた長野県の教師の妻として、日ごろ身を慎み無口な母がすっかり娘にもどり、姉や弟といつまでも話す姿を初めて見た。父以外の人が母を「和子《かずこ》」と名で呼び、弟たちは「和子姉さん」と言うのが新鮮で、気難しさを感じる父の実家とはちがう家族のなごやかさがあった。私は買ってもらった花火で幼い妹と遊んだ。帰る日は遠い信州に気が重くなった。母はどうだっただろう。

喫茶「自由亭《じゆうてい》」の二階から寄港中の大型帆船・日本丸が見える。ゆっくりコーヒーを飲んだ。

子供のころの良い思い出は一生の宝物だ。私の長崎は良い思い出ばかりだ。

喫茶店で聴いたチェロ

扉を開けるとヨハン・シュトラウスの「美しく青きドナウ」が聞こえた。新地中華街からオランダ坂に向かう途中にみつけた「音楽喫茶わたべ」に今朝も入った。ネルドリップで慎重にいれるコーヒーは〈さわやかな酸味とやわらかな苦味のクラシックブレンド〉と〈コクのある苦味とやさしい酸味のジャズブレンド〉の二種がある。マスターがリタイア後に開いたクラシックとジャズの音楽喫茶のご自慢は、奥に何台も鎮座する最高級オーディオだ。例えばパワーアンプ「ラックスマン・純A級60ワット」は、AB級ではカットされてしまう音幅の上下限まで忠実に拾う。それは昨日リクエストした「シューマン／交響曲第1番・春」で、音量は低いのに隅々まで楽器が何をしているかわかる明晰《めいせき》な音でいやになるほど実感した。グヤジーだがこの一台だけで百万円。「難点は電気を食うこと」と高らかに笑い、なおグヤジー。

次の「スメタナ／交響詩モルダウ」は、入口近くに一人で座る質素な身なりの高齢ご婦人のリクエスト。コーヒーとケーキを前にややうつむいて聞き入っている。盤はノイマン指揮・チェコフィルと申し分ない。「モルダウ」を好きな人が好きだ。名曲を聴きにくるお婆さんはとてもよかった。

長崎の私の母の実家の姓は「中島」で、叔父は読みを「なかしま」とこだわっていたのは、長崎市内を貫通する中島川《なかしまがわ》と同じであるのを強調したかったのかもしれない。その中島川にかかる十七世紀の石橋群をいつか丁寧に見たいと思っていた。

最も名高い眼鏡橋《めがねばし》は寛永十一（一六三四）年架橋の日本最古のアーチ型石橋だ。中島川は海に近く潮位が一メートルも変わり今は満潮、水面に映る二連アーチは本当に眼鏡のようだ。

私が橋好きなのは、力学が決める美しい左右対称形が中空にある浮遊感だ。鉄骨の構造美、木造の橋脚の建築美に対し、石橋は重量あるものを積むだけで中空に浮く危うさがいい。橋は平面にすれば通りの続きだが、中島川石橋の高々としたアーチ太鼓橋は、交通として向こう岸へ渡る以上の、橋への愛着を表す。

眼鏡橋上流の次は魚市橋《うおいちばし》。その次の東新橋《ひがししんばし》の、見上げるように高い親柱にはさまれた石段五段をあがった太鼓橋の頂上は高く、まさに帝王の風格。見下ろす川床は遥か下。ここから見る上流下流に続く石橋の眺めは圧巻。親柱は共通に擬宝珠《ぎぼし》を置いて芊原橋《すすきはらばし》、

連続する石橋を下から見る

一覧橋《いちらんばし》、古町橋《ふるまちばし》、編笠橋《あみがさばし》と続き、大井手橋《おおいでばし》から川面《かわも》に降りたゴロ石の川床から見上げる橋裏は絶景だ。

川はここで二手に分かれ、左は桃渓橋《ももたにばし》、右をたどった高麗橋《こうらいばし》、阿弥陀橋《あみだばし》は片側だけ大きくカーブして道を招く独特の高欄がおもしろい。その先にまだ石橋は続く。石橋の多くは昭和五十七年の記録的集中豪雨で損壊したが、そこが石の良さで、積み直して復元した。満足の石橋観賞でした。

美人奥さん

桃渓橋から上がった諏訪神社前電停でふと気づいた。昨日、思案橋近いおでん屋「はくしか」で隣り合った人はオーケストラのチェリストで、明日市内の喫茶店で演奏すると言っていた。そこはたしかこの通りだ。

その店「えん」には十数人がコーヒーを手に演奏を待っていた。調音中の彼に目礼。来てくれましたかとにっこりして独奏が始まった。

重厚な音色が腹に響く。やはりその場で出る音はよいものだ。古民家改装の床に敷いた絨緞《じゅうたん》が効果的なのかもしれない。「アベマリア」「エストレリータ」「カヴァレリア・

ルスティーカーナ」……。

自らもチェロを弾いた宮澤賢治《みやざわけんじ》の小説『風の又三郎《またさぶろう》』の舞台をモチーフにした「種山《たねやま》ケ原《がはら》」という曲は、ごうごうと鳴らす低倍音を駆使して風を表現している。病院勤めのチェリストというこの方は、演奏が表情に表れ、苦しげに、またうっとりと純粋な魂を感じさせた。

さて今日も夜タイム。長崎で毎晩飲めるのがうれしい。思案橋横丁路地の居酒屋「こいそ」の、長崎出身ご夫婦は昔とちっとも変わらないが、今日手伝う十八歳の若者は二男だそうでびっくり。アイドル型美人の奥さんはとても三人の子がいるとは思えない若さだ。

リピーターが多いという〈鶏《とり》ミンチの焼アゴ仕立て野菜煮〉がおいしい。山葵《わさび》を添えた〈煮穴子〉は身は柔らかいがパリッと腰がある。今切ったピンクがきれいな〈鴨《かも》ロース〉は柚子胡椒入りのたれをかけまわしながら煮る。〈菜の花辛子和《からしあ》え〉は出汁《だし》つゆ多く三つ葉も入ってピリリ爽やか。何気なく頼んだ〈煮茄子《になす》〉は中に蕎麦味噌《そばみそ》を入れ軽い油で焼いてある。大阪で料理修業した主人の腕はまことに確かで酒に合う。

「何食べてもおいしいね」

「ありがとうございます」

多種の料理を毎朝十時から仕込むが、この商売が好きで自分の時間はいらんですと泰然と構えるのがいい。店内にうすく流れる演歌が絶妙だ。主人がフランク永井《ながい》の「おまえに」をフンフンと鼻歌する。今日はモルダウとチェロとフランク永井だ。

帰り支度を始めた息子さんに客が「帰るんか」と声をかけ、出て行くと「お母さん似じゃけんなあ」としみじみもらす。

焼酎《しょうちゅう》お湯割りがうまい。自分の仕事に迷いのないおっとりした主人、子供を見守って手伝わす美人奥さん、その家族を見守る常連客。長崎はいいなあ。

総鎮守・諏訪神社の柏手

長崎新地中華街は東西南北に、青龍《せいりゅう》・白虎《びやっこ》・朱雀《すざく》・玄武《げんぶ》の門が立つ。どこもちゃんぽん・皿うどんは定番だが、北門隣「京華園《きょうかえん》」ショーウインドーの〈韮菜拌麵／ニラバンメン〉八〇〇円がおいしそうで入った。

開店昭和十九年の老舗、六階建て大楼《だいろう》の一階は、土曜昼に娘連れのヤングママ、老夫婦、学生カップルなど。高級店に皆入り慣れ、静かに空席待ち椅子に座る。美人マダムのチャイナドレスの腰スリットがなまめかしい。

韮菜拌麵は上海焼きそば風で、具は赤い縁の本格焼豚とニラみじん切りだけだが、シンプルゆえに自信をうかがわせ、立ち上るニラの香りすばらしき名品だった。

デザートに〈椰奶西米露／イェナイシーミールウ（タピオカミルク）〉四〇〇円をいただきながら、厚いメニューの点心ページを見ていると〈炸多絲／ツァトス〉がある。これは中華街で街頭売りしている〈ハトシ〉ミンチ入り揚げパンだ。四個六三〇円・当店おすすめとあるがこの次にしよう。

長崎総鎮守・諏訪神社下。高さおよそ五メートルの巨大な〈御神燈　天明三癸卯歳九月建焉〉の間から遥か下まで大階段が続く。真ん中がすり減るのを一歩一歩、五つの石鳥居をくぐって頂上の大門にたどりつき振り返ると、かなり高い。山手には活水女子大の赤い屋根、右は港と造船所、彼方は女神大橋。長崎が一望だ。

拝殿前の石畳は諏訪神社秋の大祭「長崎くんち」の踊り場だ。昨日、長崎伝統芸能館のビデオで龍踊《じゃおどり》、鯨潮吹き、太鼓山（コッコデショ）、阿蘭陀万歳、御朱印船などの華麗な奉納踊に魅せられた。

戦後間もない昭和二十九年ころ、信州松本郊外の野球場で開かれた「全国郷土踊り」のような催しに長崎の「龍踊」が出ると知り、一家で見に行ったことがあった。何人もが棒で支える大龍が金の玉を追い回す南蛮風の踊りを、母は「これはじゃおどりと言うんだよ」と教え、私は「蛇」踊りと憶《おぼ》えた。母はこの踊りに望郷の念をもったことだろう。

拝殿前では紋付羽織袴と白無垢《しろむく》の新郎新婦が緋毛氈《ひもうせん》に立って記念撮影中だ。遠巻きに見ているど日陰で休む黒留袖のご婦人から「いつもテレビ見とります」と言われて恐縮。「おめでとうございます」と答えたが、長崎の人に声をかけられるのがうれしい。

パン、パン。

母の故郷の総鎮守に打つ柏手《かしわで》に思いがこもる。来た甲斐《かい》があった。

下る石段脇に、長崎で生まれた山本健吉《やまもとけんきち》の文学碑があった。

〈母郷行　長崎の町を行く。雨が洗つた石畳の坂道、西日のさす白壁の土蔵の前、物の匂ひのこめる市なかに、ふと少年のままたたずむ私を見る。遠い記憶の故里のかけらの中に少年は佇つ。私が町を憶えてゐる以上に、町は幼い私を憶えてゐてくれた。それが故郷といふものか。いま私は、わが身を何か大きなものの手に、すつぽりと委ねてゐる〉

裏面の解説は井上靖。

〈日本独特の〃美〃の探究に、山本健吉氏ほど己れを盡《つく》した人を知らない――〉。どちらも文雅な筆跡が柔らかだった。

母の酌

諏訪神社下の料理屋「朱欒《ざぼん》」は昭和二十八年の開店で代々、女だけで続いてきた。始めた初代祖母を継いだ二代目の季代子さんによる、白洲正子《しらすまさこ》好みとも言える民芸調の店内はまことに瀟洒《しょうしゃ》。すべて英国製のガラス電灯笠は夢見るように美しい。

「母（季代子）はこういうものと食べることにはほんと贅沢《ぜいたく》して」

話す三代目・滋子さんは裸足に夏のワンピースと、いつものように水商売気のない支度がいい。訪問を知らせてあり「今日は太田さんに食べてもらわんならんものがいっぱいある」とうれしいお迎えだ。

「ざぼん揚げいくつ いきなさる？」

「うーん、とりあえず一つ」

祖母が考案したエソや甘鯛《あまだい》すり身のつけ揚げはニンニクが隠し味。柚子胡椒で食べる揚げ立てはたまらなく、結局二個になる。

「ハトシ、知っとられる？」

おお、ここで登場。海老《えび》すり身をパンではさんで揚げてふんわりと香ばしく、子供のころから食べているそうだ。「じげもん（地もの）が入ったけん」と言う〈鯛の味噌なます〉、これしか注文しない人がいる五島の厚い〈〆鯖《しめさば》〉、今だけの〈マテ貝ちょい焙《あぶ》り〉〈鯛白子焼〉など、すべて単純にそれだけを盛る皿との相性と、添えた花一輪がこの店の美学だ。

「いらっしゃいませ」

「朱欒」のシックな店内

奥から悠然とお母さん・季代子さんが現れた。さりげない黒のポロシャツは今年八月で八十八歳というお歳を感じさせない。茂木の自宅から一人でバスでリッチモンドホテルのランチに行き、ポイントカードもためて「リゾットがおいしか」とおっしゃる。お声は四十代としか思えず、滑舌論理ともに明快、ときに冗談も。

「太田さんのお母さんは大村出身でしたね」この方が母を憶えてくれているのがうれしい。長崎の女は合理的でよく働くのでボケたりせず長寿という。母も長崎に住めばこうだったろう。季代子さんは今もいける口というのが頼もしい。いただいたお酌は母の酌のようだ。

久しぶりに長崎に来て、人から人へ手渡されるようにあちこちを訪ねた。誰と話しても親しみのわく、根源的な安心感があった。そしてその理由がわかった。

私は長崎の人間だったのだ。

奥多摩

2013年7月

山の緑に囲まれて、キャンプは楽し

教え子とのキャンプ

七月、私が教えていた東北芸術工科大学の太田ゼミOBと、キャンプに出かけた。初めての去年は参加十名だったが、今年は直接のゼミ生以外も来て、男女半々総勢十八名にふくらんだ。選んだキャンプ地は山梨県境に近い奥多摩《おくたま》の秘境なれど設備も整い、何よりもキャンプファイアのできることが焚《た》き火好きの私に（まさに）火をつけた。

しかし今年は大所帯だ。「十八人のメシはたいへんだぞ」心配する私に隊長女子Sさんは「大丈夫です、先生は寝ていてください」と力強いメールをよこした。

集合の奥多摩駅には遠く仙台《せんだい》からの参加もあり、「先生ごぶさたです」の声がうれしい。同じ東京組でも久しぶりらしく、互いに元気一杯で出発した。

去年と同じ一番奥のテントサイトは大樹の緑陰が重なる絶好地。テント持参のアウトドア派は、それぞれ場所を選んで幕営。大型貸しテント宿泊組も分かれてもぐり込む。私も適当地に一人用テントを。今のテントは簡単で、張るのに五分かからない。

キャンプで最も大切なのは食事場の設営だ。去年考えた、ベンチに平台を置く方式を今年も踏襲。「こことここ、炭火焼き台と食材置き場はここ、タープはここからここまで」先頭に立った（つもり）の私の指示もものかは、やはり二回め、手慣れてきてぱき進む。

「先生どうぞ」の声はうれしやハンモックだ。女子の一人が昨年持参して日陰の樹間に吊《つ》ったのを私はたいへん気に入り、しばしすやすや至福の時。その姿を写真に撮られ、あちこちに転送したとかで恥ずかしい。「撮影禁止！」と宣言して上がり込んだ。

焚き火を囲み

屋根下の炊事場では総がかりで支度が始まっていた。まず用意するのは〈リンさん漬〉だ。

このキャンプには前段階がある。私は大学でゼミを持つにあたり、夏休み前には合宿、その合宿は自炊と決め、台所つきの格安ロッジを猪苗代《いなわしろ》湖畔にみつけた。

夏合宿の目的は卒業制作に備えてじっくり腰を据えたマンツーマン指導だが、終えると椎名誠さんの怪しい探検隊でおぼえたアウトドア料理を、昼の授業以上（？）に重視指導した。

その一つが怪しい探検隊料理長・林政明《はやしまさあき》さん（通称・リンさん）の〈リンさん漬〉だ。きゅうり・ピーマン・人参《にんじん》・ニンニク・生姜《しょうが》・鷹《たか》の爪《つめ》、それぞれの乱切りをたっぷりの醤油《しょうゆ》に浸けておくだけ。林さんは学校給食のコックで、調理場に常にこれを用意して仕事の合間につまむと聞いた。

そのままつまみにもちろん良いが、たっぷりできた醤油たれが重宝で、鶏肉《とりにく》・豚肉・生イカ・茄子《なす》・玉葱《たまねぎ》・ししとうなど、何でもこのたれに漬けて炭火焼にする。焼き役はまかせろと「炉端焼主人」が必ず登場し、注文よろしく目の前で香ばしく焼けたものはおいしく楽しい。この〈なんでも焼〉を合宿で続けた。そうやって教え込んでおいたのがキャンプで役立つという寸法。ヘタな授業よりこちらの方がよく身についたらしい。

「先生、リンさん漬の味みてください」

「おう……あと五分だな」

「先生、何から焼きましょうか」

「イカ、焼きすぎるなよ」

こちらはまるで炉端焼の客だが、洗い物、包丁仕事、炭火おこし、ゴミ袋用意など、それぞれが自然に役割をみつけ、持参のガスコンロで枝豆を茹《ゆ》で始めるのもいて、これがまたうまい。

ながい夏の一日も次第に夕暮れ、自然の森の中で飲む冷えたビールのうまいことうまいこと。「発表、わたし結婚します！」の女子に「えー！」「相手は誰だ？」と歓声が上がり、乾杯攻勢だ。

それぞれに「仕事はどうだ」と卒業後の様子を聞くのもこんな時だ。話を聞いていると、今の会社は若い人を育てずに使い捨てする厳しい状況が見える。現役でない自分には、簡単にあきらめるな、必要とされる人材になれ、くらいのアドバイスしかできないのがもどかしいが、悩みを聞くのもキャンプの場だ。

「先生、芋煮できてます」

東北芸工大のある山形のソウルフード〈芋煮〉は、集まりにはつねに欠かせない。作りは至ってシンプル。味は醤油、具は牛肉・里芋・牛蒡《ごぼう》・舞茸《まいたけ》。余計なことはしない手慣れた味がじつにおいしい。

「おお！」歓声の上がったのは料理長Ｋ君の力作〈塩釜〉だ。「料理リクエストを」に答えておいた〈かたまり肉の岩塩焼〉がいつのまにか〈塩釜〉にメール誤伝したらしい。しかし彼の料理魂をくすぐったか、卵白で練った塩にとじ込んで焼いたかたまり牛肉とキンメダイは、えも言われぬ高級な味。「これには赤ワイン」に「あります！」のうれしい声。マッタク言うだけでラクだ。

暗闇の夜空に「星を見るなんて久しぶりだわ」の声が聞こえる。料理も横目にうずうずしていた焚き火好きが、もう待てないとキャンプファイアの巨大な薪《まき》の山に火をつけ、盛大なぱちぱち音に周りが赤く明るくなる。酔った全員が輪になって手をつなぎ、また肩にのせて火の周りをぐるぐる回る。火勢が弱まると腰をおろして無言で火をながめ、やがて大地に寝転び、星を見るのもいる。

何時にテントにもぐり込んだかも忘れた翌朝は、昨日の芋煮の残りおつゆで作った〈カレーうどん〉。これも恒例だ。そうして来年も会うことを約束し、それぞれ自分の働き場に戻って行った。

あとがき

週刊誌「サンデー毎日」で始めた連載「ニッポンぶらり旅」は、一つの土地に原稿一回ではもったいないので二回書くスタイルで始めたが、そのうちだんだん長くなり、この巻の長崎編は七回も書いてしまった。

あちこち移動するのがだんだんしんどくなってきたからではあるが、ものごとを詳しく見る癖がつき、書くことが増えてきたからでもある。旅エッセイのコツを覚えたのかもしれない。それは歩いてみつけた神社や路傍の碑文解読であり、好きな歴史的建築物の様式考察であり、土地の人々の生活を表す情景の発見である。

——と書けば立派風だが、実態は飲み屋横丁を調査して良い店を見つける発掘であり、出された酒肴《しゅこう》の特徴と味の描写による名物報告であり、美人ママとの出合いだ。

旅慣れて来ると、その町にはその町の美人ママがいることがわかった。

「ナニをもっともらしく（わなわな）、勿体《もったい》ぶるんじゃない！」と一喝されれば申し訳ありませんと座り込むしかないです。

しかし（開き直る）それもよいではないか。旅の楽しみは酒肴もあるが、土地でふれあった「人情」だ。優しい笑顔、温かい言葉、酒に酔った心にしみる「また来てね」のお見送り。これに勝る旅の良さが他にあろうか。ましてそれが美人の……。

「喝‼」

へえどうもすみません。

二〇一六年四月　太田和彦

解説——静かに酒は飲むべかりけり

森　まゆみ

ズルイ、ズルイ、太田さん、ずるい。

ふらっと一人旅に出て、気取らない街のホテルに泊まって、夜は居酒屋にバーめぐり。それがお仕事ですかっ。しかも美人おかみに会いに行く？

中年（いや初老？）女の一人旅、イケメン主人に会いに行く、なんて企画が成立するはずはないんだから。……うらやましい。

とページをめくってみましたが、おや、ちょっと違うようだ。

〈「山き」のママさんがまた女優顔の超美人で……息子さんが二階でバーをやっている〉それじゃあ少なくとも六十近いよね。

〈お母さんは「後期高齢者よ」と笑うが、……言語明瞭お肌つやつや〉とすると、七十五過ぎですよね。

〈断髪にたっぷり襟の黒セーター、高齢の芥川《あくたがわ》賞受賞者にも似るママさんともう少し話したい〉あらまあ、銀髪でしょうね。

〈「山本富士子《やまもとふじこ》と同じ歳《とし》なのよ」と照れる美人〉絶句！！！

わかった。許す。太田さんの言う「美人」とは単に容姿端麗なことを指すのではない。どこぞのオヤジ連がヨダレを垂らす可愛《かわい》い娘、若い美人というわけではない。人生の表裏を知り尽くし、涙を輝きに変え、話が面白く、風情のあるのが「美人おかみ」なのだ。言ってみれば新建材のビルでなく、枝垂《しだ》れ柳が入り口にある奥深そうな昔の家のようなものなのだ。そのすがれた美を愛するのだ。

その上、太田さんはすでに老眼入っているのか、大抵、女性の年を若めに見あやまる。「お若いのにご苦労様ですね」「いえ、もう十年もやってます」という小湊鐵道《こみなとてつどう》の女性車掌さんの言葉に笑った。〈女学生のように見える〉ママは〈七時になり保育園にお子さんの迎え〉に行っちゃうし、〈高校生のお子さんがいるとは到底思えない瑞々《みずみず》しい若さ〉の女将《おかみ》もいる。女にとってはこういう男のハートマークの色目鏡《いろめがね》は嬉《うれ》しいかぎり。

太田和彦さんとは何度もお目にかかったことはない。

その昔「東京人」で「太田さんの後に居酒屋の連載をやりませんか」と言われ、恐れおののいた。だって私、お酒の銘柄、知らないいし。つまみもトマトと塩もみきゅうりでいいんだもん。冬ならもつ煮込みか、焼き鳥があれば。太田さんみたいにバーのスツールに座ってサマになればいいが、私足が床に届かないよ。再度お断りして許されず、窮余の一策が「望郷酒場」。

東京は、全国から集団就職「金の卵」の方たちをはじめとして、たくさんの人が出てきて働いてくれて作られた町。それなのに、江戸っ子や東京生まれの偉そうな蘊蓄《うんちく》だけでどうするんだ、というのが私の長年の思いであった。反対に、上京者のエネルギーに腸《はらわた》のない皐月《さつき》の鯉《こい》の吹き流しのような根《ね》生《お》いの者は圧倒的に負けている。友人を見ても、上京者はちゃんと早めに家を建て、東京者は案外、賃貸の根無し草。そういう上京者たちは飲みたい時、どこへ行くんだろう。郷土料理を看板にあげる店に行くのではないか？

これは私にとって大変面白い連載だった。ある店は出身者のたまり場になっており、ある店では同窓会が開かれており、中にはみんなの書き込んだノートまである店もあった。絶対出身県の郷土料理屋には足を踏み入れないという人もいた。この連載を見て太田さん、「やられた。その手があったか」と破顔一笑されたとか、されないとか。

そののち一回、「東京人」で各県アンテナショップの取材というのを一緒にさせていただいた。初対面の太田さんはやっぱりデザイナーだけあって、青年の体型をそのまま維持され、すらりとしてかっこよく、我が身が振り返られた（嵐山光三郎《あらしやまこうざぶろう》さんに私は「縫いぐるみみたいなフェミニスト」と書かれたことがある。エヘン、これは「モノ書き美女番付」の中）。

その時は私が日比谷《ひびや》の地下街でうっかり触った植木にかぶれてしまい、顔が腫れ上がるというハプニングの中、太田さんはとても優しく気遣ってくださって紳士であった。緊急事態のため、薩摩《さつま》料理の店でちょっと飲んでおひらきになったのだが、それこそ本書に出てくるように太田さんは「ツイー」と杯を傾け、謙虚に静かに目立たなかった。

それが大事なんだと思う。その次にお会いしたのは、太田さんの根城、神田の「新《しん》八《ぱち》」で、この時も新潮社の「ヨムヨム」という文芸誌の句会ということで、中島京子《なかじまきょうこ》さん、井上荒野《いのうえあれの》さん、古今亭志ん輔《ここんていしんすけ》師匠、という今思えばオソロシイ豪華メンバーで、その中で太田さんは静かに美味《おい》しい酒と美味しい料理の手配をしてくださった。ドウデモイイがその時の拙句。

白魚のやうなる相撲　隠岐《おき》の海

暴れろという人亡くて雛《ひな》の酒

本書を見ても、太田さんの挙措動作は極めて静かだ。知らない街の知らない居酒屋の戸を開ける。ガラーリ。「こんばんは」「いらっしゃい」。決して場を乱さない。でも見るべきものは見ている。最初、場の空気と妙に合わなくて、調子が出ないこともあるが、途中から機嫌が良くなることもある。「下手《へた》な鉄砲も数撃ちゃ当たる」というのが太田さんの諦観ではないのかしら。

行きつけの店では、気分もほどけてとても楽しそうだ。そして静かながら、時々殺し文句を決める。

「オヤジと飲む酒はどうだい」やっと店を継いでくれた息子さんに。大将、喜んだでしょうねえ。

「何食べてもおいしいね」長崎で。

うーん、人たらしだと思うよ。

そして、無理のない範囲で、その街を歩いたり、歴史を勉強したり、銭湯に行ったりして夜に備える。このウォーミングアップのお勉強はとても笑える。

「大宅壮一《おおやそういち》夫人愛子《あいこ》誕生の地」「片山潜《かたやません》夫人原《はら》たま誕生の地」「川端康成《かわばたやすなり》夫人秀子《ひでこ》誕生の地」……おいおい、夫人供給するだけかよ。

「アゴラ広場」の「全県商工会おもてなしまつり」……こういう安易なネーミングを律

儀に書き写す。それが批判精神だ。絶対悪口は書かない。

そして、地元の言葉を聞き取る鋭敏な耳にも驚かされる。

「佐賀のいろは島牡蠣《じまかき》、食べしゃらんとですか、今日から出とる」福岡。

「こないだいっとまがふったがまんだほんとでね」八戸。

(この間ちょっと雪が降ったが、まだ本格的じゃないねえ)

「コタツ一人で淋《さび》しぐねが、足こからめる人でもえればな〜、一緒にあたってやりてども店あるで」(男が最も言われてみたい台詞《せりふ》だろうな)

「ワシはもう決めとる、スジ十本」岡山。

ついでに、女子会グループが両手も使って会話するとか、お客が来た嬉しさで手をペンギンよろしく背中でばたばたさせるとか。よく見ているもんだなあ。

ぼんやり暗い照明と小さく流れ続ける演歌、がまた大事ですな。

飲んで、酔っ払って、気が大きくなって太田さん、苦手のもつ鍋を食べたり、フラフラと大っ嫌いな豚骨ラーメンの店まで入ったり。バッカみたい。いや、かわいい。

覚えがあるのである。私の場合、ハッと気づくとなぜか足裏マッサージの店で「お客さん、終了!」と言われたり、深夜スーパーでわけのわからない食品をどっさり買い込んだらしく次の日、驚いたりであるが。

酒と美味しい食材の話は本書にたっぷり出てくるので繰り返しません。

でも、この本を読んでいる間、私は何度いそいそと、時に憮然《ぶぜん》と、時に悔し紛れに、台所に立ったことか。ああ、ナスのしぎ焼きが食べたい。アジがあるから三枚におろしてなめろうにするか。蟹味噌《かにみそ》で一杯やりたいもんだ。こ鍋仕立て、うわ、この語感がたまんない。おかげでつまみ作って飲んでばかりで、ちっとも原稿ははかどらなんだ。


この本を読んで、私は太田和彦について多くを知ってしまった。

吉永小百合《よしながさゆり》ファンなんですね。

父方は信州、母方は長崎の大村《おおむら》、中国で生まれて引き揚げ、兄がいるらしい。

資生堂《しせいどう》でデザイナーをしていた頃、銀座で居酒屋に目覚めたようだ。

そんなに高くない、ひなびた店が好き。ここは私と同じ。

ややマザコンである(〈おっ母《か》ぁがあの世から「カズヒコ、ぜひ入りなさい」と言っている〉ほか、例証多数)。

妻は太っ腹である(母ちゃん許せ、ですんでいるということはいい関係)。

長崎大好き(お母さんが大村出身だからでもあるらしい)。

太田さんが大学生の夏休み、長崎新聞記者だった叔父《おじ》を五島《ごとう》列島福江《ふくえ》に訪ねるくだり、

〈長崎人らしく気さくな叔父は「暑いから外で飲むのがよかよ」とボロアパートの屋上に手料理を運び、満天の星を見ながらビールを飲ませてくれた〉

なんと胸にしみる光景ではありませんか。


しかしこれでは終わらない。太田さんが東北の某大学の教授でいらしたことは知っていたが、「ふうん、本業も忙しいし、あんなに毎日飲み歩いて、大学でちゃんと授業しているのかしらん」くらいに思っていたのであった。

ところが、別冊付録とでも言いたげな、奥多摩の章が最後にある。美人おかみはでてこない。

なんと太田さんの教え子による、秩父《ちちぶ》でのOB合宿に十八人も参加、太田さんはハンモックを吊《つ》ってもらいお昼寝。気の利く教え子たちが一糸乱れずキャンプ料理を作ってくれる。そんなに慕われていたのね。この爽《さわ》やかな章で、本書は締めくくられる。

最後に私のぶらり旅を。

その土地の知人に「太田和彦も来るという」居酒屋に連れて行っていただくことはあるが、まず外れはない。「太田さんが行きつけの店が今日はしまっちょる」と残念そうに言われたこともある。

でもお墨付きの店に行くだけでは潔しとしない。好きなのは、なんとなく店にはいることだ。帯広《おびひろ》では「挽歌《ばんか》」という名前に惹《ひ》かれた。原田康子《はらだやすこ》のまるでフランソワーズ・サガン「悲しみよこんにちは」そっくりの小説に中学時代はまっていたからだ。開店早々でこれしかないのよ、と出されたピーマンの千切りサラダを思い出す。

佐渡では民宿に泊まったら夕食は息子のやっている居酒屋でと言われ、行ってみると何この酒のリスト。小さなお嬢さんが運んでくれる(労働基準法違反?)つまみはどれも美味しかったなあ。

大阪のキャッシュオンデリバリーという店に入って、頼んだつまみの代金を卓に乗せて待った。「アテは何にしましょか」の意味がわからずに往生。

最近では、東京の初台《はつだい》に早く着いてしまい、新国立劇場の開幕を待つ間、商店街を歩くうち、つい相撲の残り数番を見ようとおでん屋に入り、エプロンの主人の作るイカ刺しの量と鮮度に驚いた。

門司《もじ》港ではレトロを謳《うた》う観光地区の洋館群にうんざりし、町外れの坂道の下に魚住酒《うおずみ》店を見つけた。立ち飲みの枡酒《ますざけ》は三百円、つまみはサービスだったかなあ。これを角打《かくう》ちと言い、昔は荷揚げの人たちは仕事が終わると駆けつけたとか。

私の居酒屋はこんな風にいい加減で、その方が身の丈に合っている。
太田さん、「豊満から肥満に移行中の美女」でもよければ、いつでもお供しますよ。

（もり・まゆみ　作家）

本書に登場する店や場所

【秋田】

酒盃〈居酒屋〉
秋田市山王1―6―9
☎018―863―1547

秋田県立美術館
秋田市中通1―4―2
☎018―853―8686

秋田市立赤れんが郷土館
秋田市大町3―3―21
☎018―864―6851

秋田郷土料理 てのじ
秋田市大町3―1―16
☎018―824―3021

ん。〈居酒屋〉
秋田市中通5―5―39
☎018―831―5665

Lady〈バー〉
秋田市大町3―1―11
☎018―863―6855

THE BAR 1980
秋田市大町4―2―5
☎018―896―5359

BAR ル・ヴェール
秋田市大町4―1―5
☎018―874―7888

【福岡】

独酌しずく〈居酒屋〉
福岡市中央区春吉3―22―7―1
プロスペリタ天神I 1階
☎092―771―3002

福新楼〈中華料理〉
福岡市中央区今泉1―17―8
☎092―771―3141

寺田屋 すみ処〈居酒屋〉
福岡市中央区
大名1―4―22―101
☎092―714―4886

さきと〈居酒屋〉
福岡市中央区舞鶴2―8―25 1階
☎092―781―8778

みやけうどん
福岡市博多区上呉服町10―24
☎092―291―3453

安兵衛〈おでん〉
福岡市中央区西中洲2―17
☎092―741―9295

【八戸】

おかげさん〈居酒屋〉
青森県八戸市鷹匠小路1
☎0178―45―0415

山き〈居酒屋〉
八戸市長横町18
☎0178―44―0711

せっちゃん〈居酒屋〉
八戸市鷹匠小路4
☎0178―44―8368

ばんや〈居酒屋〉
八戸市朔日町4
☎0178―24―5052

【岡山】

和食 小ぐり〈割烹〉
岡山市北区表町2―6―27
鳴門ビル 1階
☎086―222―5996

成田家 総本店〈居酒屋〉
岡山市北区表町3―13―69
☎086―231―8755

○家〈おでん〉
岡山市北区表町2―4―17
☎086―222―9076

た古万〈おでん〉
岡山市北区表町3―14―23
☎086―224―1010

忘れ貝〈バー〉
岡山市北区表町2―5―22
☎086―232―7377

【勝浦】

割烹 中むら
千葉県勝浦市勝浦141―3
☎0470―73―3066

下町 丸竹都寿司
勝浦市勝浦158
☎0470―73―0280

おさかな処 さわ
勝浦市出水1262
☎0470―73―7171

御食事処 いしい
勝浦市勝浦159
☎0470―73―7153

【長崎】

安楽子〈居酒屋〉
長崎市浜町7―20
☎095―824―4970

桃若〈おでん〉
長崎市本石灰町3―1
☎095―823―3392

こいそ〈居酒屋〉
長崎市本石灰町4―3
田中屋酒店ビル 1階
☎095―823―5450

朱欒〈割烹〉
長崎市下西山町1―7
☎095―822―3574

※掲載したのは二〇一六年四月現在のデータです。

文中に登場する方の年齢、またメニュー等物品の値段は取材当時のものです。

JASRAC 出 1604845-601

本書は、「サンデー毎日」二〇一二年一一月一一日号～二〇一三年八月四日号に連載された作品を収録したオリジナル文庫です。

集英社文庫

太田和彦の本

ニッポンぶらり旅

宇和島の鯛めしは生卵入りだった

旅の達人・太田和彦が、宇和島、大分、会津、倉敷、盛岡、高知、金沢、京都、尾道など、13都市を巡る旅情たっぷりの酒場紀行。気ままな旅のお伴に、居酒屋ガイドとしてもお役立ちの1冊。

（解説・川上弘美）

集英社文庫

ニッポンぶらり旅《たび》 北《きた》の居酒屋《いざかや》の美人《びじん》ママ

2016年5月25日 第1刷 定価はカバーに表示してあります。

著 者 太田和彦《おおたかずひこ》

発行者 村田登志江

発行所 株式会社 集英社
東京都千代田区一ツ橋2-5-10 〒101-8050
電話 【編集部】03-3230-6095
【読者係】03-3230-6080
【販売部】03-3230-6393(書店専用)

印 刷 大日本印刷株式会社

製 本 ナショナル製本協同組合

フォーマットデザイン アリヤマデザインストア マークデザイン 居山浩二

ISBN978-4-08-745450-5 C0195